LES BATEAUX

Amanda O'Neill

NATHAN

Édition originale parue sous le titre :
The Best-Ever Book of Ships
Première édition : Kingfisher, 2000

Auteur : Philip Wilkinson

Pour l'édition française :
© Éditions Nathan/HER, Paris, 2000
Direction éditoriale : Véronique Herbold
Traduction et réalisation de l'édition française :
Accord Toulouse
Conseiller : Virginie Serna
conservateur, responsable du service Recherche au musée national de la Marine

L'Éditeur tient à remercier
Madame Virginie Serna
et le National Maritime Museum de Londres
de leur collaboration à cet ouvrage.

ISBN : 2-09-240 438-5
N° d'éditeur : 10076809
Dépôt légal : août 2000
Imprimé en Chine

Illustration de couverture :
David O'Connor

SOMMAIRE

GRAND PRINCESS

INTRODUCTION

Les peuples de la Terre naviguent depuis l'origine de l'humanité sur toutes les mers du globe ; ils ont construit toutes sortes de bateaux, que ce soit pour commercer, découvrir des terres lointaines ou faire la guerre. Ces bateaux peuvent être propulsés à rames ou à voiles, à vapeur ou au diesel. De l'élégante étrave en bois du clipper à la solide coque en acier du cuirassé, l'histoire des bateaux est toujours faite d'inventivité, de courage et de maîtrise technique.

Les meilleurs bateaux

La vitesse fit le succès des clippers au XIXe siècle. Les bateaux marchands des Vikings étaient, eux, parfaitement adaptés aux dures conditions qu'ils devaient subir. Certains bâtiments séduisent par leur beauté, d'autres impressionnent par leur taille. Les plus performants d'entre eux, de la galère de l'Antiquité aux bateaux de guerre en passant par les fins clippers, associent vitesse, puissance et capacité à naviguer par tous les temps.

Un paquebot formidable

Le *Normandie*, un des fleurons de la marine française, fut l'un des plus rapides paquebots de ligne de son époque. Il ne mit que quatre jours et trois heures pour traverser l'Atlantique Nord en 1935. Les remorqueurs du port de New York paraissaient minuscules à côté de sa coque impressionnante.

COMMERCE ET DÉCOUVERTES

Du frêle esquif des Égyptiens aux énormes porte-conteneurs actuels, les navires marchands ont navigué sur toutes les mers du globe. Les marchands ont souvent été des explorateurs. Bravant le froid et les tempêtes, ils ont, en cherchant des routes plus sûres, trouvé de nouvelles marchandises à vendre et à acheter.

Les Égyptiens remontaient et descendaient le Nil sur de petits bateaux à voiles carrées.

Les Phéniciens développèrent la birème, à rames et à voiles.

Les bateaux grecs commerçaient tout autour de la Méditerranée.

Les Romains naviguaient dans leur immense empire dans des bateaux à deux voiles carrées.

Les Vikings explorèrent l'Atlantique Nord à bord de leurs embarcations à clins.

Les jonques chinoises transportaient de lourdes cargaisons.

Les explorateurs du XVIe siècle naviguaient sur des caravelles.

La Compagnie des Indes commerçaient entre l'Europe et les îles aux épices.

Les clippers étaient conçus pour aller vite.

Les bateaux à vapeur ont permis aux marins de ne plus être dépendants du vent.

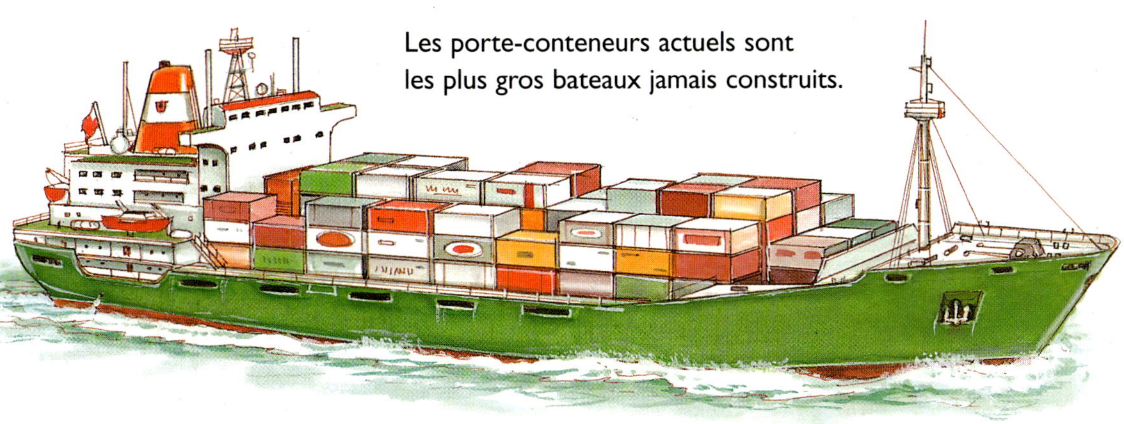

Les porte-conteneurs actuels sont les plus gros bateaux jamais construits.

Les bateaux des Vikings

Leurs navires marchands étaient construits à clins : chaque planche chevauchait légèrement la planche précédente. Le tout était fixé par des clous de fer et renforcé par des pièces transversales en bois assurant le maintien de la coque. La cargaison était entreposée au milieu du bateau et recouverte de peaux de bêtes pour la protéger. L'équipage se tenait sur les petits ponts avant et arrière pour manœuvrer la voile et le gouvernail.

Boussole solaire

Les Vikings utilisaient ce cadran en bois pour les aider à trouver leur route. Ils alignaient l'une des encoches sur un point de l'horizon sous le Soleil à midi. Ce système leur indiquait la direction du sud.

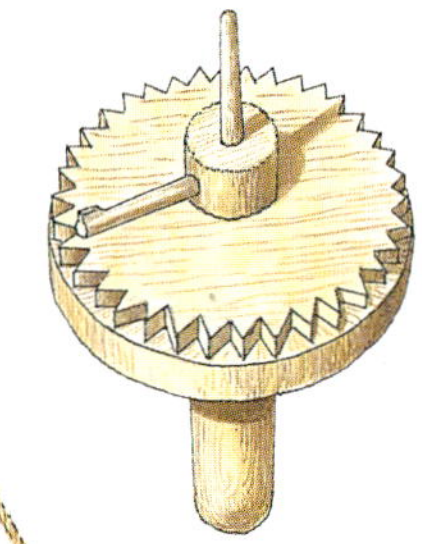

Premiers navires marchands

Navire marchand grec

Dès l'Antiquité, la mer a été une voie de communication essentielle. Grecs, Romains, Phéniciens et plus tard Vikings vivaient le plus souvent le long des côtes. Ils prenaient la mer pour faire du commerce, naviguant d'un port à l'autre, mais sans jamais s'éloigner beaucoup de la côte. Ils ne s'aventuraient dans les eaux dangereuses de l'Atlantique que durant l'été. Leurs navires de commerce étaient peu rapides, car leur vitesse dépendait du vent. En revanche, ils étaient robustes et bien conçus.

Commerçants phéniciens
Les Phéniciens fabriquaient des petits bateaux robustes dans leur pays (le Liban et la Syrie actuels). Ils commerçaient partout en Méditerranée et en mer Noire.

Rome
Les Romains utilisaient de petits bateaux à deux mâts pour commercer. Ceux-ci étaient en général construits en planches de pin ou de cyprès, chevillées sur une charpente de chêne.

Commerce au long cours
Les Vikings faisaient du commerce dans toute l'Europe en partant de leur pays, la Scandinavie. Ils vendaient aussi bien du bois, de l'ivoire, que des fourrures et de la verrerie.

Bateaux d'Orient

La Chine et les pays arabes du Moyen-Orient ont développé des styles de bateaux et des façons de naviguer bien particuliers. Ils ont alors construit de magnifiques embarcations, aux coques et gréements parfaitement adaptés aux conditions maritimes locales. Ils ont été bien souvent en avance sur l'Occident. Par exemple, les Chinois avaient découvert et installé des gouvernails sur leurs grandes jonques marines 1 000 ans avant que ceux-ci n'apparaissent en Occident.

Dhows arabes
Les commerçants arabes naviguaient sur des « dhows » – fins bateaux aux lignes pures à un ou deux mâts. Les dhows étaient gréés avec des voiles latines qui permettaient de naviguer très bien au près ; ils sont toujours utilisés aujourd'hui.

Navigation
Les nombreuses inventions des astronomes arabes ont beaucoup aidé les marins : l'astrolabe permettait de mesurer la hauteur du Soleil et de la Lune au-dessus de l'horizon, ce qui a amené à comprendre la latitude.

Une invention chinoise
Les Chinois ont également inventé le compas qui est apparu en Chine au IVe siècle avant J.-C., 1 500 ans avant l'Occident. Cet instrument de navigation indique le nord magnétique.

Jonques chinoises

Aux XIVe et XVe siècles, les empereurs chinois lancèrent plusieurs expéditions exploratrices vers l'Asie du Sud-Est et le Pacifique. Elles furent menées sur des jonques, de grands bateaux à fond plat, possédant un gaillard arrière haut et un gaillard avant carré. Leur coque était solide séparée en plusieurs caissons étanches installés à l'avant du bateau. Les voiles, le plus souvent rectangulaires, étaient tendues grâce à des lattes en bambou. Ce genre d'embarcation est toujours utilisé aujourd'hui le long des côtes chinoises, et des jonques de taille plus réduites naviguent sur les rivières.

Les voyages de découvertes de Cheng Ho
Au début du XVe siècle, le navigateur chinois Cheng Ho effectua sept voyages de découvertes le long des côtes chinoises. Il était à la tête d'une immense flotte de jonques, des bateaux beaucoup plus grands que ceux des Européens de l'époque. Autour des années 1430, la Chine se ferma et les voyages d'exploration furent terminés.

Voiles et lattes

Les lattes en bambou qui soutenaient les voiles des jonques avaient de nombreux avantages : elles les renforçaient, permettaient d'affaler rapidement les voiles, servaient d'échelle aux marins pour grimper dans la mâture.

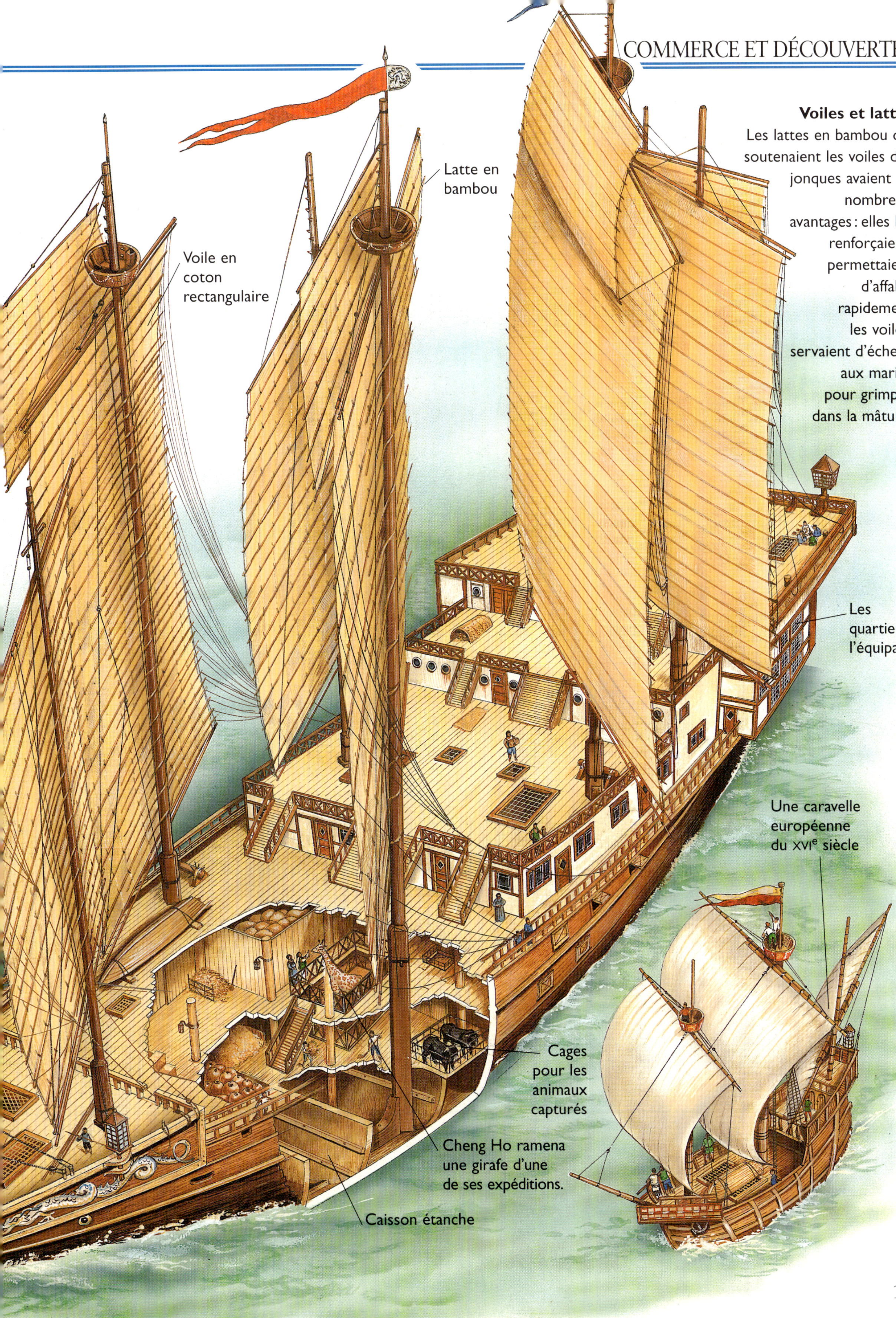

Le temps des découvertes

La caravelle
De petite taille, idéale pour le cabotage, grâce à un faible tirant d'eau, la caravelle, avec ses 25 hommes d'équipage et ses voiles latines (triangulaires), était le bateau favori de la plupart des explorateurs portugais et espagnols.

À la fin du XVe siècle et au XVIe siècle des explorateurs partant d'Espagne ou du Portugal ont cherché la meilleure route pour atteindre les Indes (l'Asie) en faisant route vers l'ouest. Leur but était de trouver les îles aux épices (Philippines et Indonésie) pour en ramener des épices rares et de grande valeur à l'époque, telles que poivre, muscade ou clou de girofle. Ils s'embarquaient au péril de leur vie sur des bateaux de petite taille vers des mers inconnues, dans l'espoir de faire fortune. De nombreuses expéditions vers les côtes d'Afrique ont été financées par le roi Henri de Portugal, dit Henri le Navigateur.

Christophe Colomb (1451-1506)
Les expéditions de cet explorateur génois furent financées par les rois d'Espagne Isabelle de Castille et Ferdinand d'Aragon. Ses quatre voyages vers ce qu'il appelait les Indes occidentales – l'Amérique – ouvrent l'ère des grandes explorations.

Le premier tour du monde (circumnavigation)
En 1519, le navigateur portugais Ferdinand Magellan quitta l'Espagne avec 5 navires et 265 hommes d'équipage. Il fut tué pendant le voyage et 18 hommes seulement reviendront en 1522 sur un seul navire, après avoir fait le tour du monde.

Le nouveau monde
Christophe Colomb espérait atteindre les îles aux épices en traversant l'Atlantique vers l'ouest plutôt qu'en suivant la route de l'est ouverte par les navigateurs portugais. Personne ne connaissant l'existence de l'Amérique. Lorsque Colomb débarqua sur des îles inconnues – en fait les Caraïbes –, il crut qu'il avait atteint ce qu'il appelait les Indes occidentales. Il venait de découvrir un nouveau monde. Au cours de ses autres voyages, il parvint aux îles de la Trinité et longea la côte de l'Amérique centrale.

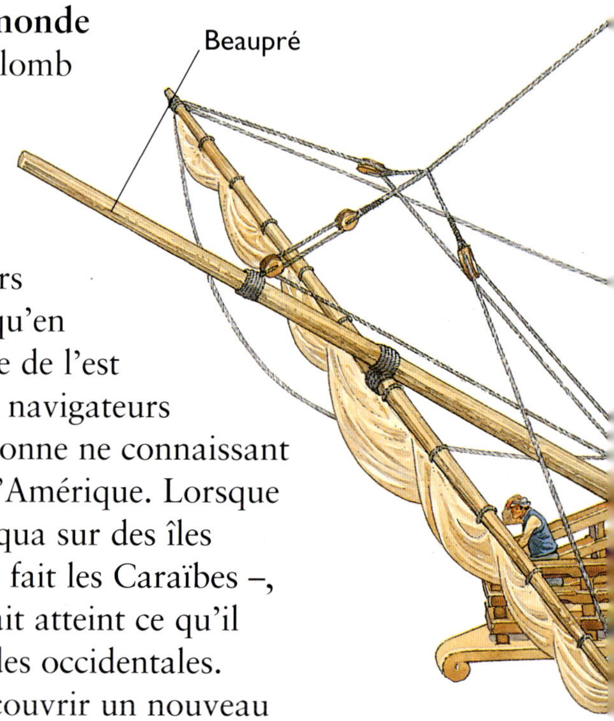

La *Santa Maria*
Le vaisseau amiral de la première expédition de Christophe Colomb était un trois-mâts court (26 mètres) et massif. Ses 40 hommes d'équipage dormaient sur le pont ou dans la cale. Ses grandes voiles carrées lui assuraient une bonne vitesse.

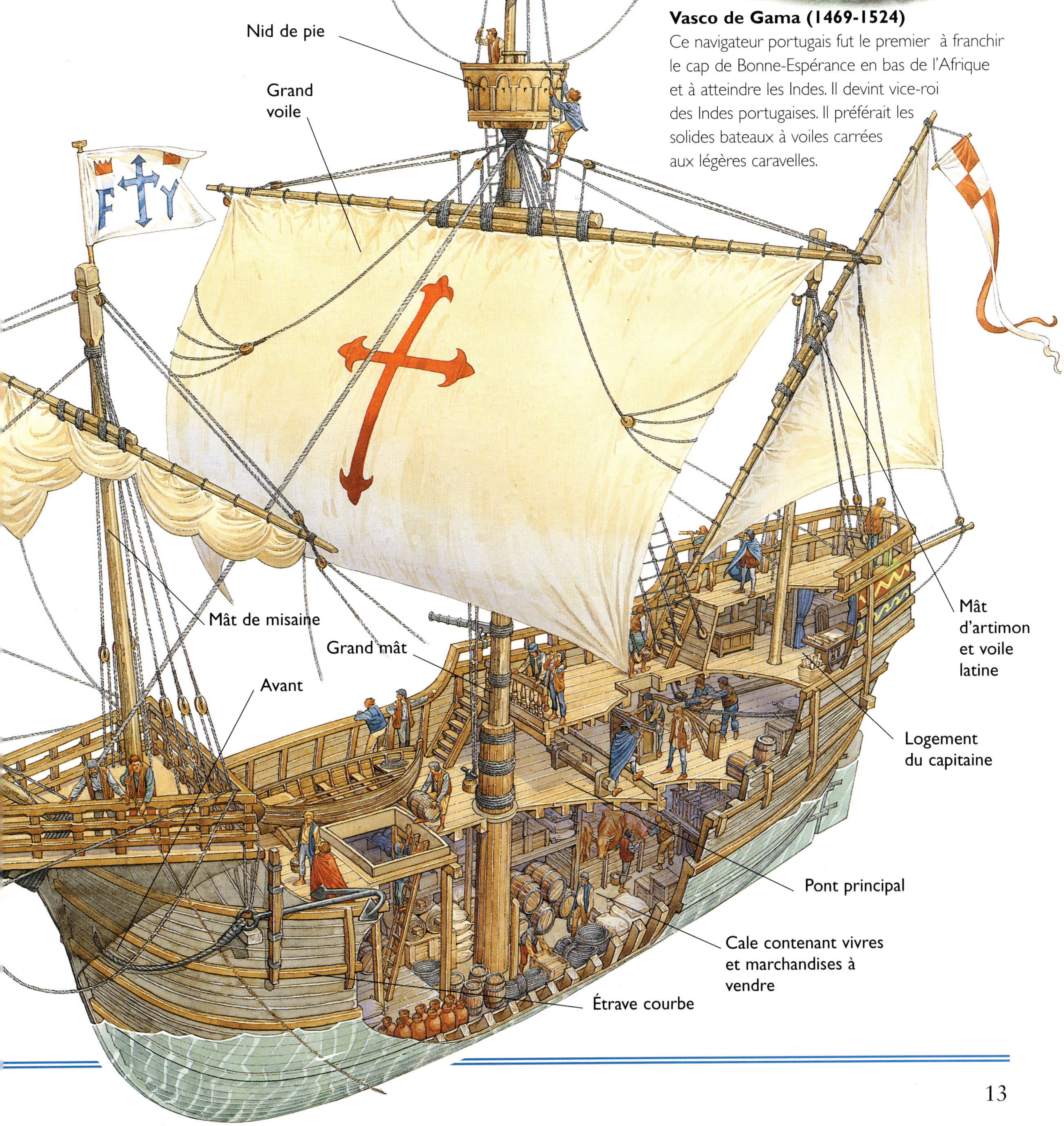

Vasco de Gama (1469-1524)
Ce navigateur portugais fut le premier à franchir le cap de Bonne-Espérance en bas de l'Afrique et à atteindre les Indes. Il devint vice-roi des Indes portugaises. Il préférait les solides bateaux à voiles carrées aux légères caravelles.

Cartographier le monde

Les richesses ramenées des îles aux épices par les Espagnols et les Portugais excitaient la convoitise des pays comme l'Angleterre, la France ou les Pays-Bas ; ceux-ci ont envoyé des expéditions pour découvrir des routes vers l'Asie plus rapides et moins dangereuses que celles du sud. Certaines ont essayé de passer par le nord de l'Amérique du Nord (« passage du nord-ouest »), d'autres par le nord de la Russie (« passage du nord-est »). Ces passages se révélèrent impraticables à cause des icebergs, mais c'est ainsi que furent découvertes des eaux nouvelles, du Canada à la Laponie.

Premières cartes
Au fur et à mesure de leurs découvertes, les navigateurs faisaient des relevés des côtes. Au fil du temps, la carte du monde connu s'est enrichie de nouvelles terres et de nouvelles mers. L'Australie et l'Amérique resteront longtemps très mal connues.

Latitude
Pour calculer la latitude, les marins du XVIe siècle utilisaient une équerre d'arpenteur, un ustensile en bois qui leur permettait de définir l'angle entre l'horizon et un astre.

L'exploration de l'Europe du Nord

La recherche de routes nouvelles vers l'Extrême-Orient entraîna une série d'expéditions anglaises, françaises et hollandaises vers les eaux glacées de l'Atlantique Nord et de la mer de Norvège. Les bateaux, plutôt petits, étaient souvent pourvus de voiles carrées et triangulaires. Malgré la compétence des marins – dont la vie pleine de dangers était souvent bien courte –, beaucoup de ces bateaux ne revinrent jamais, vaincus par le Grand Nord. Ces expéditions ne trouvèrent pas le passage tant recherché, mais explorèrent les eaux encore inconnues de l'Atlantique Nord, les lacs et rivières du Canada et les mers autour du Groenland, de l'Islande et de la Norvège.

Willem Barents (v. 1550-1597)
Cet explorateur néerlandais entreprit plusieurs voyages, dans les années 1590, à la recherche du passage du nord-est vers l'Asie. Il remonta les côtes de Norvège et explora les eaux au nord de la Laponie qui furent baptisées plus tard mer de Barents.

Navigation
Les premiers explorateurs commencèrent à découvrir le monde en restant en vue des côtes. Lorsqu'ils s'aventurèrent en haute mer, ils se munirent d'instruments pour se diriger comme le compas et d'autres permettant de calculer la latitude.

Autour du monde
Parti avec cinq navires, le marin anglais Francis Drake (v. 1540-1596) fit le tour du monde en 1577-1580. Seul le navire amiral – le *Golden Hind* – rentra au port.

Compas
Inventé par les Chinois, le compas (aiguille aimentée indiquant le nord) apparut en Europe au XIIe siècle. Les marins apprirent à s'en servir pour suivre leur route, bien que sa fiabilité fût assez faible.

Jacques Cartier (1491-1557)
Parti à la recherche du passage du nord-ouest, cet explorateur français découvrit et remonta le Saint-Laurent jusqu'à Hochelaga (Montréal) et explora les eaux autour de Terre-Neuve, prouvant que c'était bien une île.

Pavillons pirates
Avant de devenir noirs, les pavillons pirates étaient rouges « comme le sang ». Chaque bande de pirates avait son propre pavillon portant différents symboles – squelette, crâne et sabres ou crâne et os croisés. Les marins apprirent très vite à les reconnaître et à craindre d'en voir apparaître un à l'horizon.

Piraterie en haute mer

Depuis que des bateaux sillonnent les mers, les pirates les écument pour leur voler leur cargaison. Les pirates utilisaient toujours des embarcations rapides – galères équipées à la fois de voiles et de rames, navires à quatre mâts pour la haute mer ou sloops à voiles triangulaires pour les côtes. Les pirates devaient être aussi intrépides que bons marins, le gréement devant être constamment réajusté pour maintenir la bonne vitesse.

Corsaires barbaresques
C'était le nom donné aux pirates musulmans d'Afrique du Nord (appelée alors « Barbarie ») dont les galères à rames et à voiles, légères et rapides, permettaient des attaques éclair et une fuite rapide.

Doublons et pistoles
Avec l'or et l'argent ramenés d'Amérique du Sud par les conquistadors au XVIe siècle, les Espagnols frappèrent des doublons et des pistoles. Les pirates les recherchaient particulièrement : un seul doublon d'or équivalait à deux mois de paie d'un matelot ; une pistole valait un louis.

Pirates des Caraïbes
Aux XVIIe et XVIIIe siècles, la piraterie était très répandue dans la mer des Antilles. À l'origine, les pirates étaient des boucaniers, c'est-à-dire des chasseurs qui défendaient les îles où ils vivaient des Espagnols qui cherchaient à les expulser.

Barbe Noire
L'Anglais Edward Teach était plus célèbre sous le nom de Barbe Noire. Il écumait les côtes américaines et sa réputation de cruauté terrifait marins et passagers. Il finit par être tué par la marine anglaise et sa tête fut suspendue à l'avant du navire qui l'avait capturé.

Le pirate et son butin

Les pirates, pour approcher un bateau au plus près, arboraient le drapeau du pays de ce bateau ou d'un pays allié, avant de hisser brutalement le pavillon noir, ce qui avait souvent pour effet de terroriser l'équipage qui se rendait sans combat. Sinon, ils se lançaient à l'abordage, tuant tous ceux qui résistaient. Au XVIIe siècle, les lourds galions espagnols revenant d'Amérique du Sud chargés d'or et d'argent constituaient un gibier de choix. Les navires des compagnies des Indes françaises ou néerlandaises, les vaisseaux marchands sillonnant la Méditerranée et la mer de Chine étaient aussi des prises très recherchées.

Piraterie moderne
La piraterie continue de sévir dans certaines parties du monde, particulièrement dans les eaux des pays en guerre ou en proie à des crises politiques.

Science de la mer

Longitude
La longitude des points du globe est déterminée par des méridiens, demi-cercles imaginaires reliant les pôles Nord et Sud.

Au XVIIIe siècle, la science fit des pas de géant. De nombreux navigateurs – anglais, comme Cook, ou français, comme La Pérouse ou Bougainville – entreprennent des voyages autour du monde et s'intéressent aux découvertes scientifiques. Cook, durant ses trois expéditions dans le Pacifique dressa des cartes, fit des observations sur le ciel, la faune et la flore.

L'*Endeavour*
Cook fit le premier de ses trois voyages sur l'*Endeavour*. Cook le choisit pour ses capacités à transporter de lourdes cargaisons.

Découverte de la longitude

L'un des problèmes rencontrés par les marins était de déterminer leur position exacte sur la mer. En prenant le Soleil comme repère, ils pouvaient établir la latitude, mais la meilleure manière d'établir la longitude consistait à calculer la différence entre l'heure du bateau et l'heure du port d'attache. Or, les premières horloges n'étaient pas assez fiables. L'horloger anglais John Harrison mit au point un appareil, appelé chronomètre de marine, étudié pour être utilisé en mer.

Les Français Pierre Le Roy (1717-1785) et Ferdinand Berthoud (1727-1807), associés à d'autres grands noms anglais de l'horlogerie, apportèrent chacun à leur tour des solutions élégantes au problème de l'heure à la mer.

Le chronomètre de John Harrison

Travail scientifique
Cook emmena un astronome et deux botanistes dans ses expéditions, mais également des peintres qui relevèrent, firent l'inventaire et dessinèrent toutes les plantes et les animaux découverts, dont de nombreuses espèces inconnues.

citrons verts

Citrons verts

L'une des découvertes les plus imprévisibles de James Cook fut de nature médicale. Durant les voyages au long cours, les marins étaient atteints de scorbut, maladie rendant les gencives boursouflées, douloureuses et sanguinolentes. Cook se rendit compte qu'en mangeant beaucoup de fruits et de légumes, les marins n'étaient pas malades. Aussi donna-t-il à ses hommes de la choucroute, des agrumes – citrons et citrons verts – et les marins ne développèrent pas la maladie. Nous savons maintenant que l'élément préventif contenue dans ces aliments était la vitamine C.

Capitaine Cook (1728-1779)

James Cook s'engagea comme mousse et obtint son premier commandement dans la marine royale anglaise à 31 ans. Il réalisa d'importants travaux de levé hydrographique le long des côtes de l'Amérique du Nord avant d'entreprendre ses trois expéditions dans le Pacifique. Il fut tué par les habitants des îles Sandwich en 1779.

Le *Beagle*

En 1832, le naturaliste britannique Darwin s'embarquait à 22 ans sur le *Beagle* pour une expédition scientifique de cinq ans. Il en ramena de multiples spécimens d'animaux et de plantes ainsi que des carnets de notes qui constitueront la base de sa célèbre théorie de l'évolution, qu'il exposera dans *De l'origine des espèces au moyen de la sélection naturelle*.

Océanographie

Après les voyages de l'explorateur britannique James Cook, au XVIIIe siècle, de nombreuses expéditions scientifiques, comme celle de Charles Darwin, prennent la mer et contribuent à l'élaboration des grandes théories sur l'ensemble du monde vivant. Puis on commence à étudier la mer pour elle-même. En 1872, le navire anglais *Challenger,* premier bateau équipé pour l'exploration des océans, fait le tour du monde, recueillant de multiples données, sur la faune et la flore. L'océanographie était née.

Le *Fram*

À la fin du XIXe siècle, le savant et explorateur norvégien Fridtjof Nansen entreprit l'exploration de l'océan glacial Arctique à bord du *Fram*. La coque était conçue de telle façon que si le bateau était pris dans les glaces il s'élevait au-dessus, échappant à l'écrasement dû à la très forte pression.

Exploration sous-marine
L'exploration sous-marine requiert un navire de recherche suffisamment vaste pour être équipé d'un submersible, de salles de travail, de cabines pour les chercheurs et l'équipage, des pièces pour entreposer la nourriture et tout l'équipement scientifique nécessaire pour un long voyage.

L'*Alvin*
Ce petit submersible américain peut atteindre une profondeur de 4 000 m. Très maniable, il a permis de découvrir des animaux jusqu'alors inconnus et de photographier l'épave du *Titanic*.

Le *Trieste*
Ce bathyscaphe, conçu par le Suisse Auguste Piccard pour résister aux très fortes pressions des profondeurs marines, est descendu en 1960 à 10 911 m dans la fosse des Mariannes (océan Pacifique), ce qui représente le record mondial de profondeur.

Fascinantes abysses

Le fond des mers a toujours suscité la fascination, mais il a fallu attendre le XXe siècle et sa technologie pour atteindre les grandes profondeurs malgré la pression gigantesque de l'eau, l'obscurité et le froid. En 1934, l'inventeur américain Charles William Beebe construit la bathysphère, une sphère d'acier creuse reliée à la surface par une chaîne, avec laquelle il descendit jusqu'à 934 mètres dans l'océan Atlantique. Il a fallu des submersibles plus résistants – tels que le bathyscaphe de Piccard ou l'*Alvin* – pour descendre encore plus bas.

Les clippers

Les premiers clippers furent construits aux États-Unis pour répondre à l'accroissement du trafic maritime au XIXe siècle. Ces grands voiliers aux longues et fines coques, et aux grandes voiles ondoyantes, figuraient parmi les bateaux les plus élégants et les plus rapides. Leur voilure surdimensionnée leur permettait de naviguer quelle que soit la force du vent. Conçus pour aller vite, ils partaient d'Europe et traversaient l'océan Atlantique et l'océan Indien pour ramener dans leurs larges cales du thé de Chine ou aller chercher en Australie la laine nécessaire aux filatures britanniques ou françaises.

Marin, un dur métier
Les grands voiliers exigeaient un équipage nombreux pour manœuvrer les voiles lors des changements de direction du vent. La manœuvre pouvait se faire du pont, mais par forte brise, les marins devaient grimper dans la mâture, s'agripper aux voiles gorgées d'eau et glissantes, pour les serrer sur les vergues.

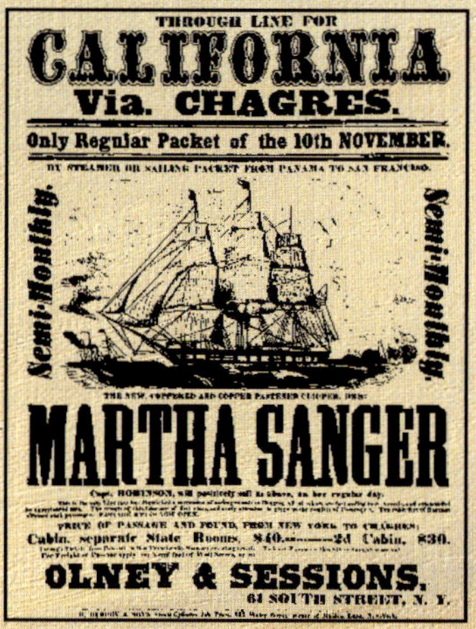
THROUGH LINE FOR
CALIFORNIA
Via. CHAGRES.
Only Regular Packet of the 10th NOVEMBER.
Semi-Monthly. Semi-Monthly.
MARTHA SANGER
PRICE OF PASSAGE AND FOUND, FROM NEW YORK TO CHAGRES;
Cabin, separate State Rooms, $40.——2d Cabin, $30.
OLNEY & SESSIONS,
61 SOUTH STREET, N. Y.

La ruée vers l'or
En 1847, la découverte de l'or en Californie entraîna une ruée sur les côtes ouest des États-Unis. Des marins sautaient parfois des clippers en vue des côtes, obligeant leurs capitaines à engager de nouveaux équipages pour continuer le voyage vers la Chine.

La vie à bord
Les marins occupaient leur temps libre en fabriquant divers objets. Sur les baleiniers, les marins gravaient souvent des dents de cachalot. Ils créaient également des modèles réduits de bateaux ou des objets en corde.

Au port
Cette photo de clippers et de bateaux à vapeur déchargeant leur cargaison a été prise sur les docks de New York à la fin du XIXe siècle. De nombreux clippers avaient une coque en structure compacte (bois et acier) qui leur permettait d'augmenter le poids de la cargaison.

Les bateaux à vapeur arrivent

Les clippers sillonnaient les mers du globe depuis le milieu du XIXe siècle lorsque les bateaux à vapeur commencèrent à leur faire concurrence. En 1869, l'ouverture du canal de Suez, qui permettait de passer directement de Méditerranée en mer Rouge au lieu de faire le tour de l'Afrique, donna un avantage décisif aux bateaux à vapeur sur les clippers. Mais les grands clippers continuèrent longtemps encore à transporter les cargaisons les plus lourdes, du charbon vers l'Amérique du Sud ou de la laine et du blé d'Australie.

Des courses sur la mer
Taillés pour la vitesse, des voiliers comme le *Sir Lancelot* mettaient entre 85 et 90 jours pour aller de Melbourne en Australie à Londres, ce qui en faisait les bateaux les plus rapides de leur temps.

Commerce international

Les plus grands bateaux actuels sont conçus pour transporter de lourdes cargaisons, les pétroliers étant les plus grands de tous. Ils peuvent contenir jusqu'à 500 000 tonnes d'hydrocarbures. Grâce aux systèmes de contrôle et de navigation électroniques, ils naviguent avec un équipage très réduit. D'autres types de cargaison sont transportés par des bateaux construits pour accueillir des conteneurs métalliques. De nombreux porte-conteneurs, avec leurs coques impressionnantes et leurs larges ponts, peuvent recevoir plus de 6 000 conteneurs.

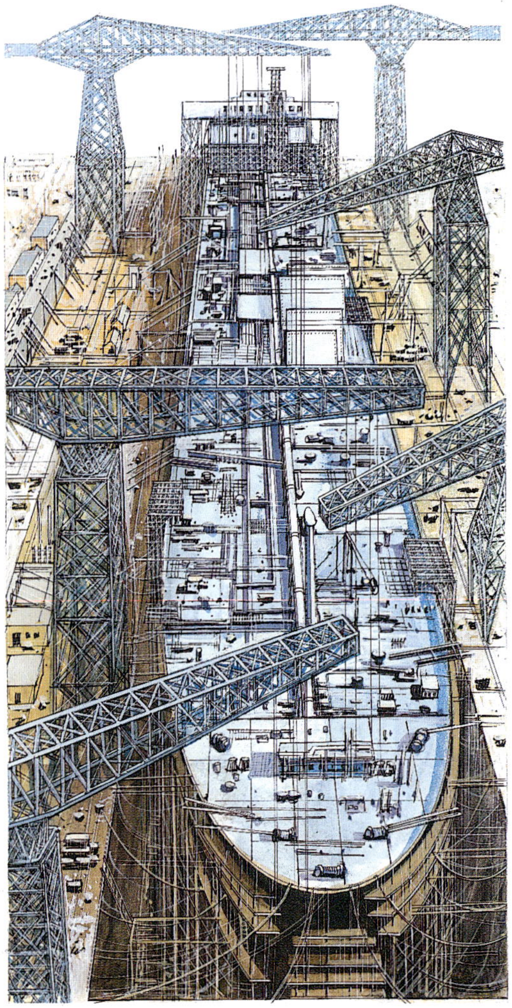

Chantier naval

Construire un cargo exige une main-d'œuvre et des équipements très spécialisés, ainsi que des fonds considérables. Seuls quelques chantiers navals sont capables de construire ces monstres des mers ; le Japon reste le premier constructeur mondial.

Conteneurs

Les conteneurs (caisses pour transporter des marchandises) ont deux tailles standard, l'une exactement deux fois plus grande que l'autre.

Au port

Aujourd'hui, les cargos sont conçus pour recevoir un grand nombre de conteneurs. Leur taille standard permet de les empiler facilement. Au port, une grue spéciale soulève les conteneurs un par un et les charge directement sur les trains ou sur les camions en attente sur le quai. Un port bien équipé, comme Rotterdam ou Singapour, possède plusieurs quais et grues permettant de décharger ou de charger des dizaines de bateaux en même temps.

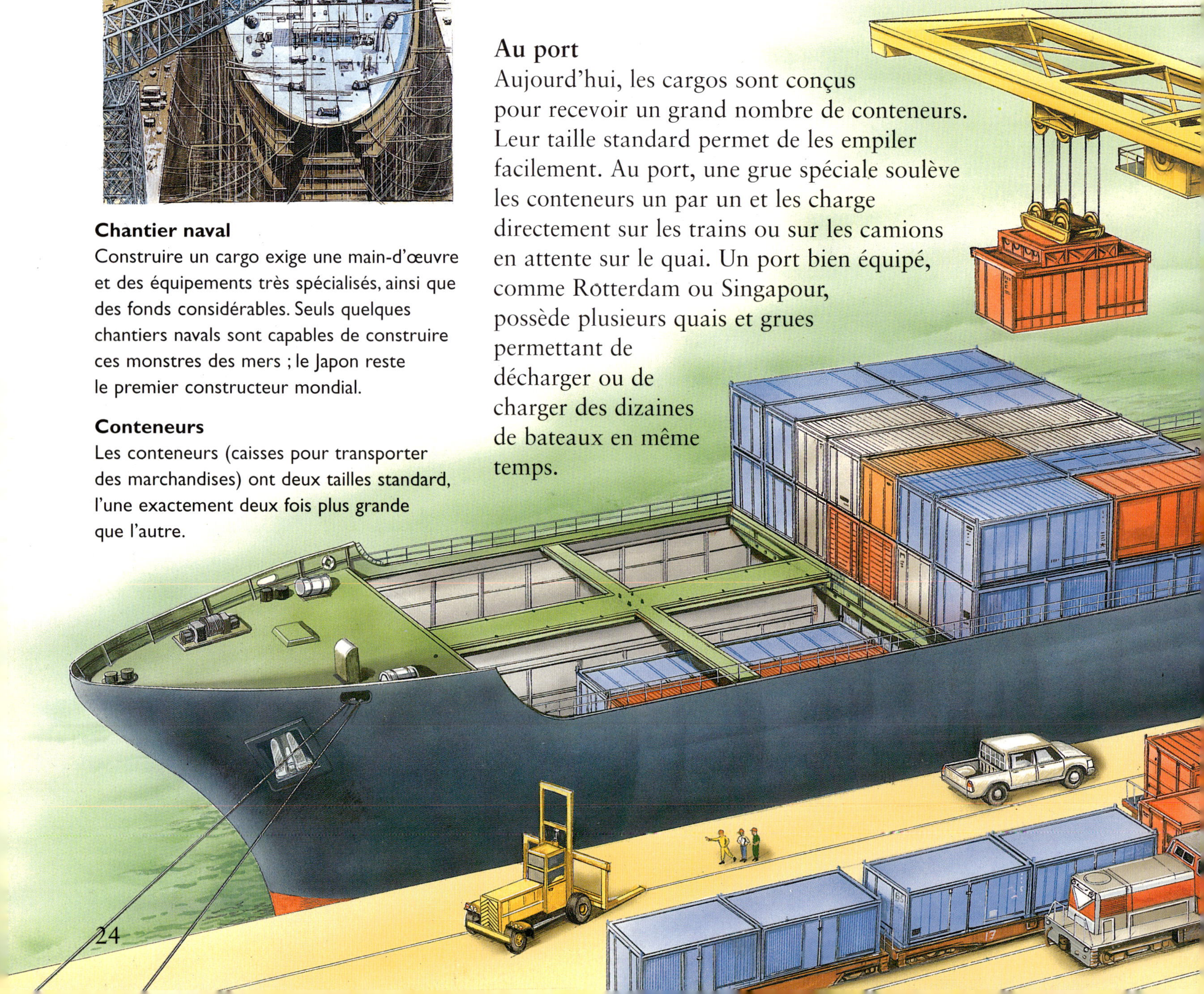

Pollution
Quand un pétrolier perd tout ou partie de son chargement, le pétrole se répand à la surface de l'eau, parfois en nappes de plusieurs kilomètres : c'est ce que l'on appelle la marée noire. La pollution qui atteint les côtes, la faune et la flore met des années à disparaître.

Commerce maritime

Les navires porte-conteneurs sont les transporteurs parfaits des cargaisons les plus lourdes sur toutes les mers du globe. Les grands ports, situés sur les principaux axes du commerce mondial, sont équipés de vastes bassins et de grues spéciales pour charger et décharger ces immenses bateaux.
Les conteneurs sont transbordés parfois sur des bateaux plus petits avant d'être chargés sur des trains ou dcs camions.

Sur la passerelle
Le capitaine, assisté d'instruments de navigation sophistiqués, a une excellente visibilité. Pour manœuvrer dans les zones difficiles, ou pour entrer et sortir d'un port, il doit faire appel à un pilote.

À quai
Les camions et les wagons arrivent jusque sur les quais. Ils sont adaptés à la taille standard des conteneurs de toutes sortes de bateaux.

BATEAUX DE GUERRE

Depuis toujours, l'homme a construit des bateaux de guerre. S'ils étaient autrefois utilisés pour transporter des soldats ou pour jouer le rôle d'un éperon géant, les navires d'aujourd'hui portent des armes très élaborées.

Salamine 480 av. J.-C. Les trirèmes grecques remportèrent sur l'imposante flotte perse de Xerxès une grande victoire navale qui stoppa sa tentative d'invasion de la Grèce.

Aigos-Potamos 405 av. J.-C. Une attaque surprise en Thrace (nord-est de la Turquie) permit à Sparte de battre Athènes, la capture de 170 bateaux mit fin à la guerre du Péloponnèse.

Lépante 1571 La flotte de la Sainte Ligue (Espagne, Venise et Saint-Siège) remporta la dernière grande bataille de galères contre la flotte turque d'Ali Pacha.

L'Invincible Armada En 1588, le roi d'Espagne Philippe II envoya une flotte pour envahir l'Angleterre. Elle fut anéantie par la marine anglaise et la tempête.

Trafalgar En octobre 1805, l'amiral britannique Nelson (qui fut tué au combat), remporta une grande victoire navale sur la flotte franco-espagnole de Napoléon Ier.

Le *Constitution* contre la *Guerrière* 1812-1814 Le navire américain le *Constitution* était l'une des six « frégates cuirassées » qui battit les Britanniques. Sa puissance de feu était supérieure à la *Guerrière*.

Le *Monitor* contre le *Merrimack* 1862 C'est durant la guerre de Sécession américaine (1861-1865) qu'eut lieu la première bataille de cuirassés.

Tsushima 1905 Durant la guerre russo-japonaise, la flotte russe fut anéantie à Tsushima (détroit de Corée). 12 bateaux russes furent coulés et 4 pris.

Jutland 1916 Les flottes britannique et allemande s'opposèrent dans l'une des batailles décisives de la Première Guerre mondiale. La Grande-Bretagne conserva la maîtrise des mers.

Midway 1942 Ce fut l'un des tournants de la Deuxième Guerre mondiale dans le Pacifique. Les Américains infligèrent une sévère défaite aux Japonais.

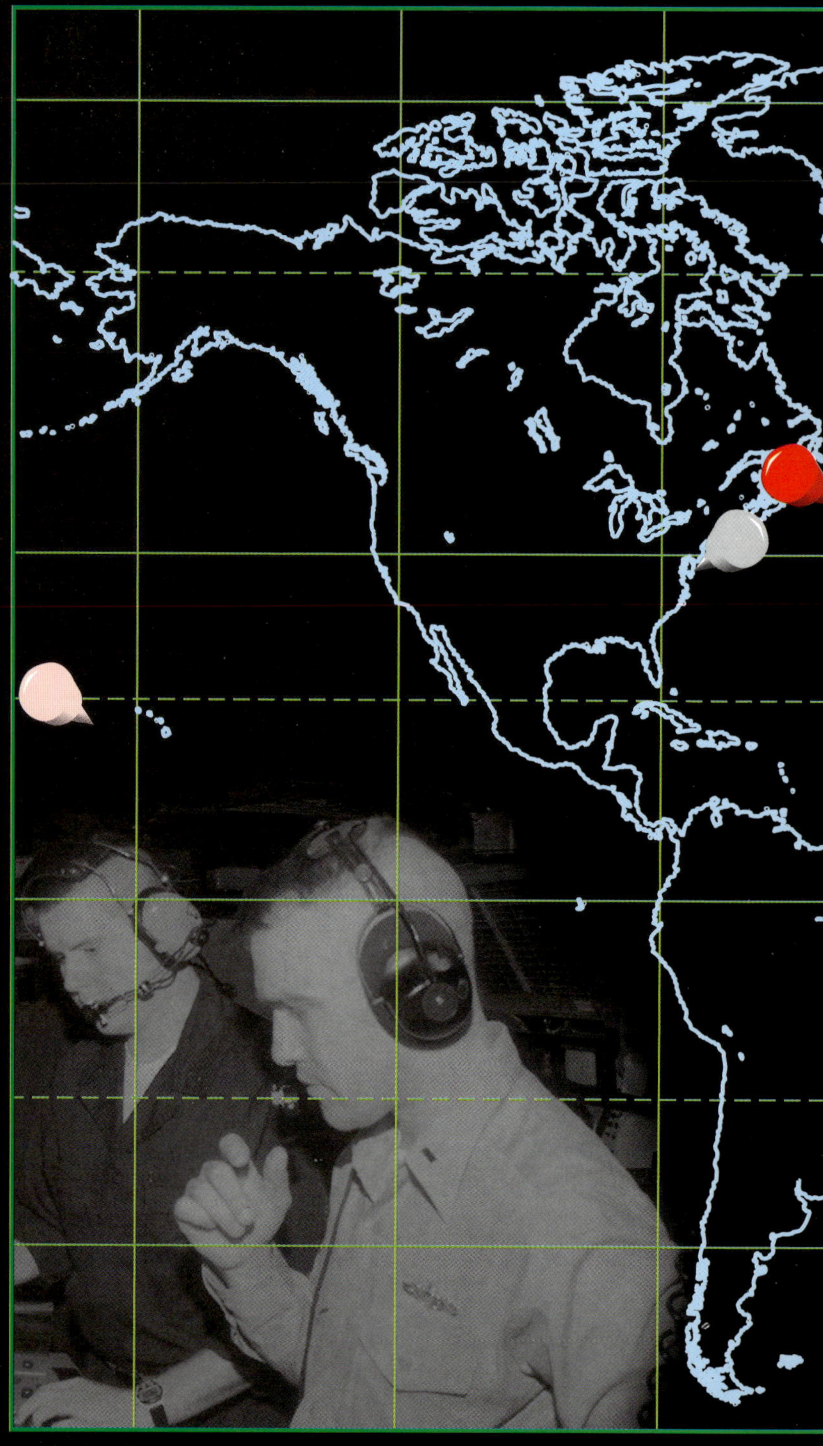

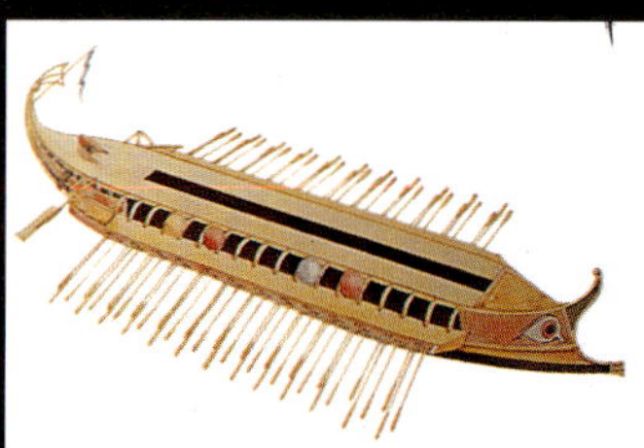

Galères
Les Grecs et les Romains naviguaient sur des bateaux à rames ou à voiles, très rapides pour l'époque. Un éperon à la proue pouvait transpercer la coque de la galère ennemie.

Premiers bateaux de guerre
Les navires de guerre comme le *Mary Rose* portaient des canons pour détruire les bateaux ennemis. L'équipage se lançait à l'abordage.

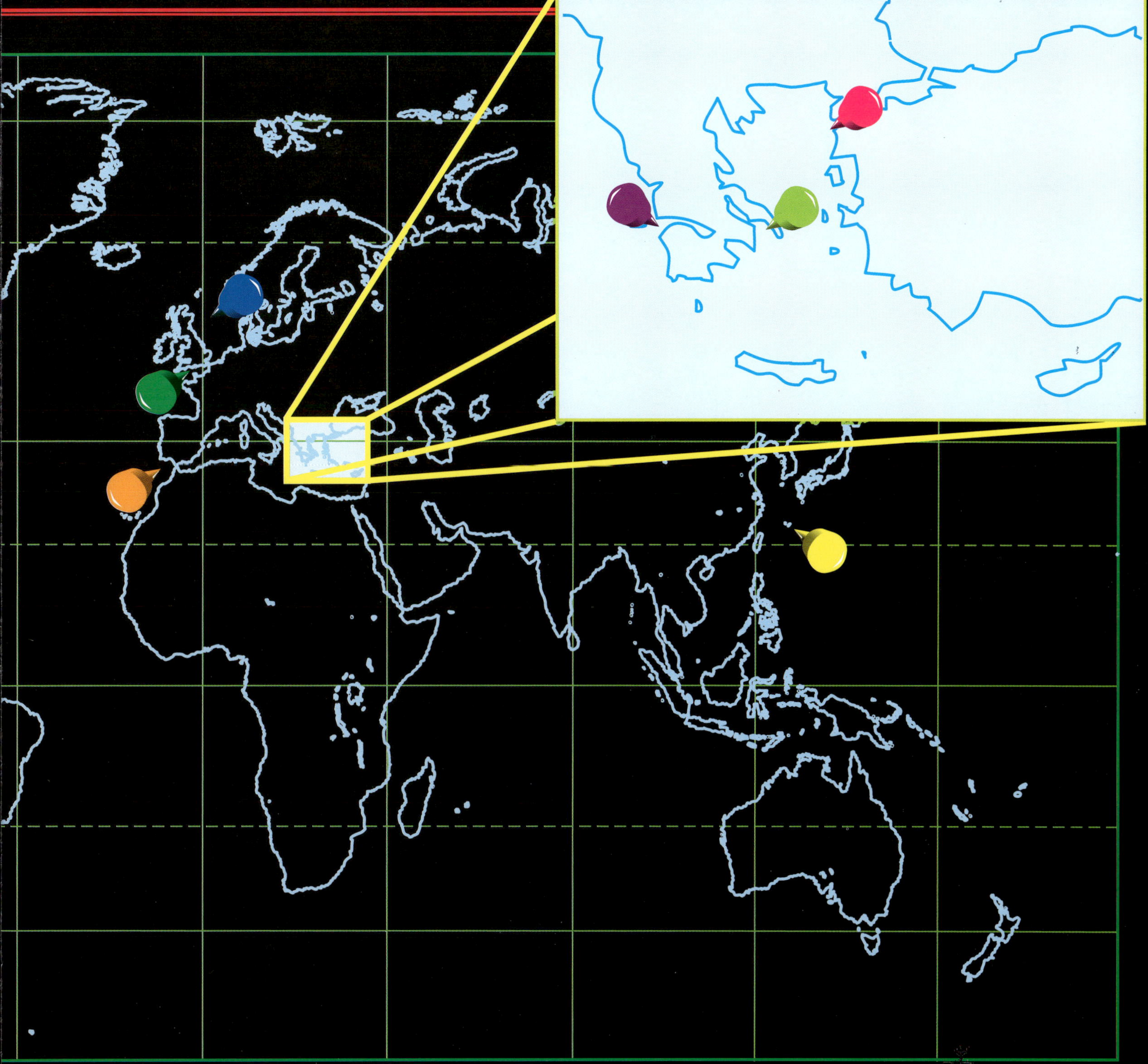

Grands voiliers
Vers 1700, les bateaux de guerre étaient très voilés. Des rangées de canons sur plusieurs ponts permettaient d'attaquer ou de se défendre de chaque côté.

Cuirassés
Les premiers cuirassés apparaissent aux États-Unis au XIXe siècle. Leurs machines puissantes les affranchissaient du vent.

Dreadnoughts
Rapides, très manœuvrants et super armés, les dreadnoughts britanniques ont changé la façon de concevoir les navires de guerre au début du XXe siècle.

Porte-avions
Ces immenses et très coûteux bateaux de guerre permettent aux avions de jouer aujourd'hui un grand rôle dans les conflits.

Les Phéniciens
Ce peuple de marins vivait durant l'Antiquité en Méditerranée orientale (le Liban actuel). Ils naviguaient sur des birèmes, navires à un seul mât, munis d'une voile carrée et équipés d'une étrave.

Premiers bateaux de guerre

Les Grecs et les Romains naviguaient sur des galères – de longs bateaux à rames et à voiles. Grâce aux rames ils pouvaient naviguer quelle que soit la force du vent ; les rames permettaient également au bateau de prendre de la vitesse pour attaquer un navire ennemi, une étrave était alors plantée dans le flanc de ce dernier. Les Grecs et les Phéniciens utilisaient des birèmes, avec deux rangs de nage de chaque côté, ce qui donnait au bateau une bonne puissance malgré une coque légère.

Ramer ensemble
Les premiers bateaux de guerre grecs étaient petits avec moins de 30 rameurs – des esclaves – sur chaque bord. Chacun devait ramer de façon parfaitement synchronisée en suivant la cadence de nage donnée par un homme tapant sur une caisse.

Trirèmes

Les Grecs ont cherché à avoir des bateaux plus gros tout en étant plus rapides. Mais, si le nombre des rameurs augmentait, la coque devait être plus longue, ce qui aurait réduit la vitesse. Ils créèrent une galère, la trirème, équipée de trois rangs de nage superposés pour gagner de la place.

Bateaux de guerre romains
Les Romains copièrent la forme des bateaux de guerre grecs, mais leurs coques étaient en bois plus résistant et certains comportaient un mât supplémentaire. Ils améliorèrent le système d'arrimage des planches d'abordage permettant aux soldats d'envahir plus facilement le pont d'un navire ennemi.

À l'attaque !
Le capitaine de la trirème cherche à ouvrir une voie d'eau dans le navire ennemi en se lançant à pleine vitesse contre lui. Une planche d'abordage est alors posée entre les deux bateaux, ce qui permet aux soldats de se lancer rapidement à l'attaque. Le combat corps à corps est acharné.

Les Normands

Durant des siècles, les bateaux de guerre n'évoluèrent que très lentement. Au XIe siècle, les bateaux des Normands différaient peu de ceux de leurs ancêtres vikings : ils étaient longs ; les mâts, qui pouvaient être abaissés ou relevés, portaient des voiles carrées ; le gouvernail était latéral et le bateau était manœuvré à la rame par calme plat.

Une conquête navale
La tapisserie de Bayeux raconte l'invasion de l'Angleterre par Guillaume le Conquérant en 1066, lors de la bataille d'Hastings. Les bateaux étaient bordés à clins comme ceux des Vikings.

Bateaux pour la guerre

Au Moyen Âge, les bateaux de guerre étaient souvent des navires marchands reconvertis. Rapidement, des bateaux furent construits uniquement pour faire la guerre. C'étaient toujours de petites unités, très toilées, ce qui leur permettait d'aller plus vite et d'être plus manœuvrant. Les gaillards d'avant et d'arrière apparaissent alors ainsi que les nids de pie construits sur les mâts et du haut desquels les archers pouvaient tirer. Des canons furent installés de chaque côté du bateau.

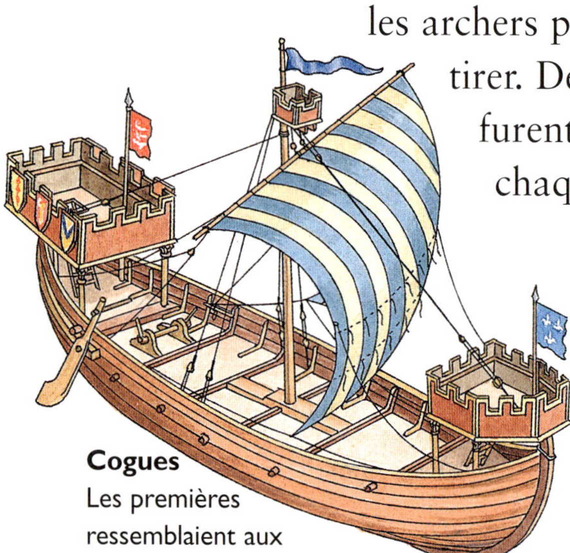

Cogues
Les premières ressemblaient aux bateaux vikings avec leur coque pansue, équipée d'un mât portant une seule voile. On y trouve par la suite un château avant et arrière.

Les canons
Le bateau de guerre le *Mary Rose* portait de lourds canons de bronze et à mitraille. Ceux-ci étaient pointés dans les sabords percés dans la muraille du bordé. Ils étaient montés sur des affûts en bois munis de roues.

Le *Mary Rose*

Un des navires du roi d'Angleterre Henry VIII, le *Mary Rose*, coula, en 1545, sur les côtes sud d'Angleterre. Lorsque l'épave fut remontée à la surface, on apprit beaucoup sur les navires de guerre du XVIe siècle. Le *Mary Rose* était bordé à franc-bord – au lieu d'être bordé à clins, les bordés étaient bord à bord – sur une ossature de chêne. Le bateau portait aux quatre mâts des voiles carrées.

La bataille de Lépante
Le 25 août 1571, près de Lépante (Méditerranée orientale) la flotte turque d'Ali Pacha fut battue par l'imposante flotte chrétienne de la Sainte-Ligue commandée par Don Juan d'Autriche. Ce fut la dernière grande bataille de galères.

Sur un bateau de guerre

Le bateau était composé de trois ponts plus des aménagements sur les gaillards avant et arrière. Dans le faux-pont se trouvait la cale où étaient entreposés les vivres. Les canons pointaient dans les sabords des deux ponts supérieurs. 500 hommes d'équipage y vivaient très à l'étroit.

Les galions

Les galions qui apparaissent au début du XVIe siècle ramenaient en Europe l'or et l'argent des colonies d'Amérique. Ces grands navires, d'aspect élancé, avaient une proue en forme de bec. Les formes larges et pleines de leurs carènes leur donnaient une grande stabilité, qui leur permettait d'embarquer de lourdes pièces d'artillerie. Leur construction complexe coûtait très cher – il fallait jusqu'à 2 000 troncs de chêne pour chaque navire. Les galions ont sillonné les mers pendant 300 ans.

Galion anglais

Galion espagnol

L'invincible Armada

En 1588, voulant envahir l'Angleterre, le roi Philippe II d'Espagne arma une flotte (*armada* en espagnol) de 151 navires. Les Anglais ripostèrent avec plus de 200 galions plus petits et plus rapides. La bataille dura 10 jours, les Anglais utilisèrent des brûlots (bateaux chargés de combustibles) pour incendier les navires espagnols. Mise en difficulté par la tempête et l'incapacité de son commandement, la flotte espagnole, réputée invincible, battit en retraite.

L'invincible Armada vaincue
Les Espagnols étaient les maîtres de l'abordage et du combat corps à corps. Mais Francis Drake, le célèbre corsaire et explorateur anglais, les harcela sans répit. Les bateaux anglais étaient plus rapides et leur artillerie plus puissante.

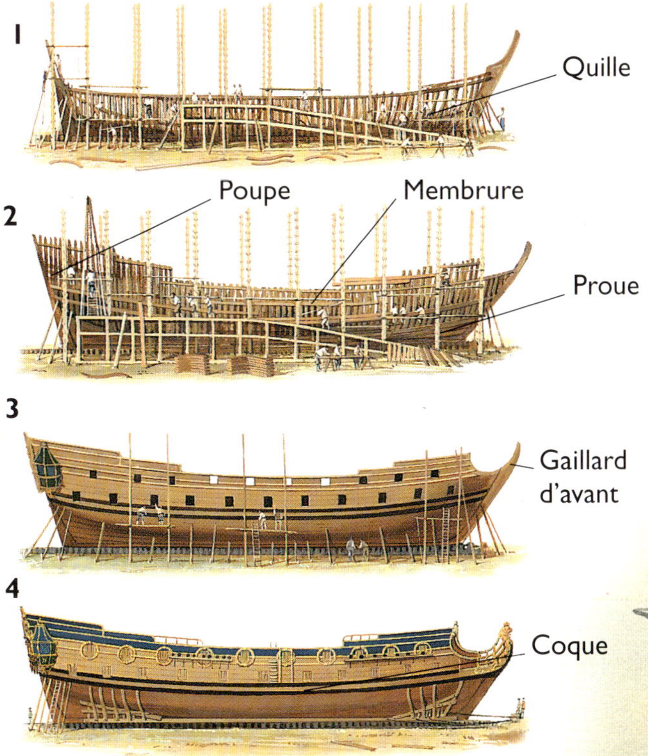

Construire un galion

La quille étant la « colonne vertébrale » (1), on ajoutait les membrures qui formaient le bordé, fermé aux extrémités par la proue et la poupe (2). La coque était recouverte de virures fixées à la membrure, puis les ponts étaient ajoutés (3). L'avant se relève, le bec se raccourcit, donnant ainsi plus de stabilité au galion. La coque était calfatée, c'est-à-dire passée au goudron afin d'améliorer son étanchéité (4).

Les guerres franco-anglaises et franco-hollandaises

À la fin du XVIIe siècle, la marine du roi de France Louis XIV doit faire face à l'Angleterre et aux Provinces-Unies réunis (Hollande). La flotte française est battue et l'Angleterre détient à partir de ce moment et pour longtemps la maîtrise des mers.

Bataille navale

Un galion anglais a attaqué un navire hollandais par le travers, brisant son grand mât et précipitant dans sa chute les gabiers (marins) accrochés aux vergues. La riposte hollandaise n'a fait que des dégâts dans les voiles ennemies.

Les grands voiliers

Jusqu'à huit cents hommes d'équipage vivaient sur les grands vaisseaux de guerre en bois des XVIIIe et XIXe siècles durant les longues et périlleuses campagnes navales. Promiscuité, inconfort, insalubrité et danger constituaient leurs conditions de vie. Ils devaient être d'une grande habileté pour grimper aux mâts et déployer en quelques minutes les voiles des trois-mâts.

La poupe du *Soleil Royal*
Le *Soleil Royal,* construit à Brest en 1669, était magnifique. La poupe et la proue, très ornementées, symbolisaient le pouvoir royal. Les logements des officiers se trouvaient sur la partie arrière du bâtiment, la poupe, spacieuse et difficilement attaquable.

Le recutement
La marine royale française attirait peu de candidats, aussi chaque capitaine envoyait des hommes à terre pour recruter des marins, de gré ou de force (souvent en les faisant boire).

La vie difficile des marins

Les conditions de vie à bord étaient très difficiles. Les aliments – viande salée, légumes secs et biscuits durs comme du bois – étaient pauvres en qualités nutritionnelles et souvent avariés ; l'eau devenait vite imbuvable. Les matelots vivaient dans la plus grande promiscuité et leurs tâches étaient rudes : raccommoder et monter les voiles, nettoyer le pont ou réparer les avaries.

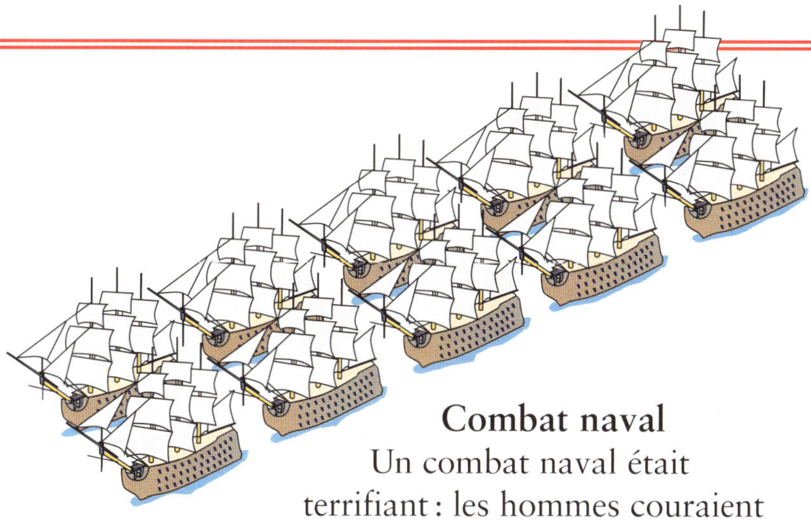

Formation de combat
Au début du combat, les bateaux se rapprochaient lentement les uns des autres. La portée de leurs canons étant assez courte, ils attendaient d'être tout près pour « lâcher leur bordée » (tous les canons d'un même bord tiraient en même temps).

Combat naval

Un combat naval était terrifiant : les hommes couraient de tous côtés dans la plus grande confusion, les officiers hurlaient leurs ordres, tout cela dans le bruit assourdissant des canons. Quand le bateau était sous le feu de l'ennemi, personne n'était à l'abri, le plus grand danger provenant des éclats de bois projetés qui pouvaient être aussi tranchants qu'un poignard.

Les avaries
Sur cette peinture, un navire américain a vaincu un bateau britannique durant la guerre de 1812. Les charpentiers ont essayé de colmater les brèches de la coque, mais ils ne pouvaient pas grand-chose pour les mâts et le gréement. Le navire n'étant plus gouvernable, l'équipage ennemi s'est lancé à l'abordage.

Dans l'enfer de la canonnade
Les canonniers chargeaient les canons et se tenaient prêts à tirer. Puis tout le monde s'écartait pour se protéger du mouvement de recul du canon lorsque le coup partait.

Le *Monitor* contre le *Merrimack*
Le premier combat naval entre des cuirassés eut lieu en mars 1862, aux États-Unis durant la guerre de Sécession. Il opposait le *Merrimack*, frégate transformée de dix canons disposés le long d'un rouf blindé, et le *Monitor*, conçu comme un radeau de fer équipé de deux canons sur une tourelle pivotante. Aucun des deux ne coula l'autre, mais le *Monitor* fut le plus touché.

Les cuirassés

À la fin du XIXe siècle, l'apparition de la propulsion à vapeur et de l'acier ont transformé la construction et le combat naval. Les navires cuirassés pouvaient s'approcher de l'ennemi et faire feu de très près sans craindre l'éclatement de leur coque. Les premiers cuirassés ressemblaient à de véritables châteaux flottants, avec leur coque blindée et leurs hautes tourelles hérissées de canons. D'impressionnants navires de guerre, équipés d'un grand nombre de canons pouvant pointer tous en même temps, sont sortis des chantiers navals.

Ponts inférieurs
Une grande partie des cales d'un *Dreadnought* était remplie des munitions pour les énormes canons et les lance-torpilles. Le carburant pour les machines était entreposé dans des soutes spéciales. Les machines prenaient beaucoup moins de place que des machines à vapeur d'égale puissance.

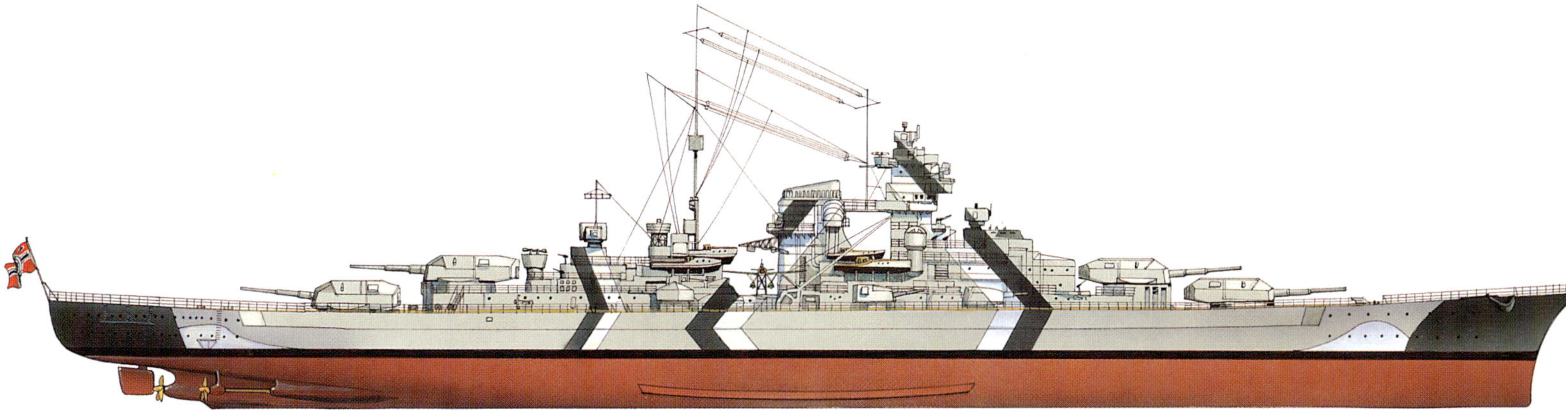

Grand ou petit

Au XXe siècle, les bateaux de guerre, équipés de machines plus rapides et de canons plus gros, deviennent plus grands et plus performants. Les grandes puissances se livrent à une surenchère en la matière, en particulier les Japonais qui construisent de véritables monstres des mers pendant la Seconde Guerre mondiale : la série des Yamato faisait chacun plus de 74 000 tonnes ! Après la guerre, les marines nationales s'orientent vers des missiles à longue portée embarqués sur des bateaux plus petits et moins chers.

Le *Bismarck*

Le navire allemand *Bismarck*, avec ses 52 832 tonnes, est l'un des plus gros bateaux de la Seconde Guerre mondiale ; sa vitesse de pointe était de 56 km/h. Mais cet imposant bâtiment eut une courte carrière, car il fut coulé par la marine britannique en 1941, seulement deux ans après son lancement.

Le *Kirov*

Au cours des années 1970 et 1980, l'ex-Union soviétique (actuelle Russie) construisit plusieurs navires de guerre à propulsion nucléaire de la série des *Kirov*. Ils pouvaient parcourir de grandes distances sans recharge de combustible. Ces bateaux furent désarmés dans les années 1990 car leur entretien coûtait trop cher.

Dreadnought

Lancé en 1906, le navire britannique de la série *Dreadnought* était équipé de dix gros canons et de cinq lance-torpilles. C'était le premier bateau de guerre à vapeur avec une vitesse de pointe de 39 km/h. Sa puissance de feu et sa vitesse firent de lui un modèle largement imité au point que tous les grands navires de guerre du début du XXe siècle furent appelés des *dreadnoughts* (c'est-à-dire « qui ne craint rien »).

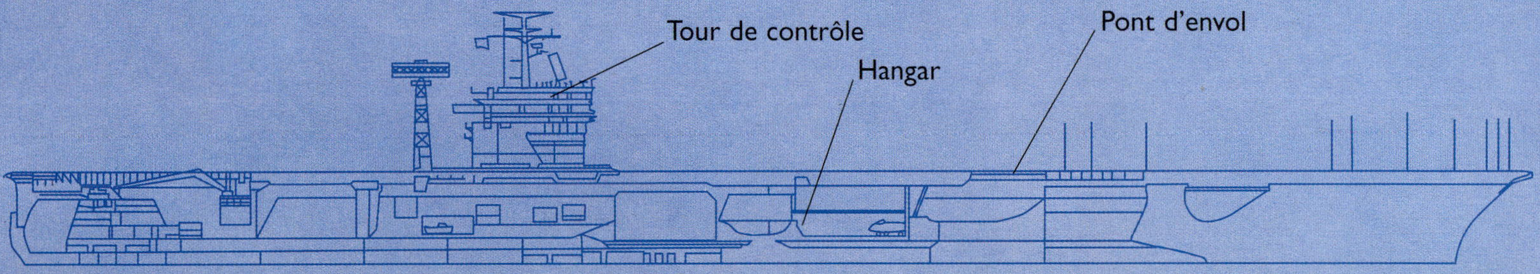

Marine de guerre

Les bateaux de guerre sont équipés de missiles nucléaires téléguidés qui franchissent des centaines de kilomètres pour atteindre leur cible. Des chasseurs décollent des porte-avions vers la zone de combat. Les marines de guerre actuelles sont composées de grands navires porteurs défendus par des navires plus petits appelés contre-torpilleurs ou par des petits navires pouvant envoyer leurs projectiles à courte distance.

À l'intérieur d'un porte-avions
Une grande partie de l'espace intérieur du porte-avions américain *Nimitz* est occupée par les équipements nécessaires à la vie des 3 000 membres d'équipage. Propulsé par deux réacteurs nucléaires, il peut atteindre 56 km/h, vitesse impressionnante pour un navire aussi haut qu'un immeuble de 25 étages. Il peut contenir environ 90 avions.

L'*Enterprise*
Ce navire américain est le premier porte-avions à propulsion nucléaire et le plus long jamais construit. 75 avions peuvent décoller de sa piste longue de 372 mètres. Lancé en 1961, il est toujours en service.

Contre-torpilleur
Ces navires relativement petits sont rapides et armés à la fois de canons et de lance-torpilles. Il doivent protéger la flotte principale et attaquer les sous-marins ennemis. Les contre-torpilleurs les plus récents sont équipés de missiles.

Porte-avions

Ce sont les navires les plus imposants avec leur longue piste d'envol d'où décollent et atterrissent les avions. Leur construction demandent de tels moyens techniques et financiers que seules de grandes puissances, comme la France ou les États-Unis, peuvent en posséder. Ils ont joué un rôle majeur dans les grandes guerres contemporaines, pendant la Seconde Guerre mondiale ou durant la guerre du Golfe par exemple.

Avion prêt à décoller sur le pont d'envol du porte-avions américain *John F. Kennedy*

La piste d'envol
Chasseurs-bombardiers, avions de reconnaissance, avions anti-sous-marins, hélicoptères, tous peuvent décoller de la piste d'un porte-avions qui doit être suffisamment large pour permettre aux avions de stationner, de décoller et d'apponter.
De nos jours, les navires de guerre sont équipés de missiles dont la portée et la précision sont plus grandes que celles des canons. Il existe différents types de missiles dirigés à distance grâce à l'équipement sophistiqué de la tour de contrôle.

Marchands vikings
Aux IXe et Xe siècles, les Vikings qui étaient de hardis navigateurs n'ont pas hésité à quitter la Scandinavie. Ils ont colonisé l'Islande et le Groenland ; en 1001, ils atteignaient Terre-Neuve. Ce furent les premiers Européens à arriver en Amérique.

Ruée vers l'or
La découverte de l'or (1848) entraîna une ruée d'aventuriers en Californie. La traversée du continent nord-américain était périlleuse et ils furent nombreux à passer par le cap Horn (Amérique du Sud) à bord de clippers.

Émigration au XIXe siècle
Des millions de personnes quittèrent l'Europe au XIXe siècle, cherchant une vie meilleure aux États-Unis ou au Canada.

Pères pèlerins
Au XVIIe siècle, affrontant sur de fragiles bateaux un voyage plein de dangers, des émigrants, comme les Pères pèlerins, colonisèrent la côte Est de l'Amérique du Nord .

DES MILLIONS DE PASSAGERS

Des hommes et des femmes pleins de courage ont, au cours de l'histoire, décidé de tout quitter pour redémarrer une nouvelle vie dans un pays plus accueillant. Toutes sortes de navires, des bateaux à vapeur aux transatlantiques, ont transporté des milliers d'émigrants. Les bateaux furent les instruments privilégiés de ces mouvements de population.

Transatlantiques
Dans la première moitié du XXe siècle, de gros paquebots transportaient les passagers. Les riches voyageaient confortablement, mais en 3e classe les conditions de voyage étaient difficiles.

Transport aérien
Dans les années 1950 et 1960 le transport aérien s'est développé extrêmement rapidement. La grande et fastueuse époque du transport maritime était révolue.

Refugiés
À la fin de la guerre du Viêtnam, en 1976, de nombreuses personnes voulurent fuir le régime communiste. Ils embarquèrent sur des bateaux de fortune, prêts à risquer leur vie. On les appelait les « boat people ».

Esclavage
Plus de 15 millions d'Africains furent envoyés en esclavage en Amérique. Beaucoup moururent pendant la traversée à cause des conditions d'hygiène épouvantables.

Bateaux à vapeur
Au XIXe siècle, la vapeur a révolutionné le transport maritime. Les bateaux à vapeur étaient utilisés pour de courts ou de longs voyages. Ils étaient parfaits lorsqu'un service régulier était exigé.

Émigration en Australie
Par une vaste campagne publicitaire, le gouvernement australien a encouragé l'immigration dans les années 1950 grâce à des conditions de voyage très intéressantes.

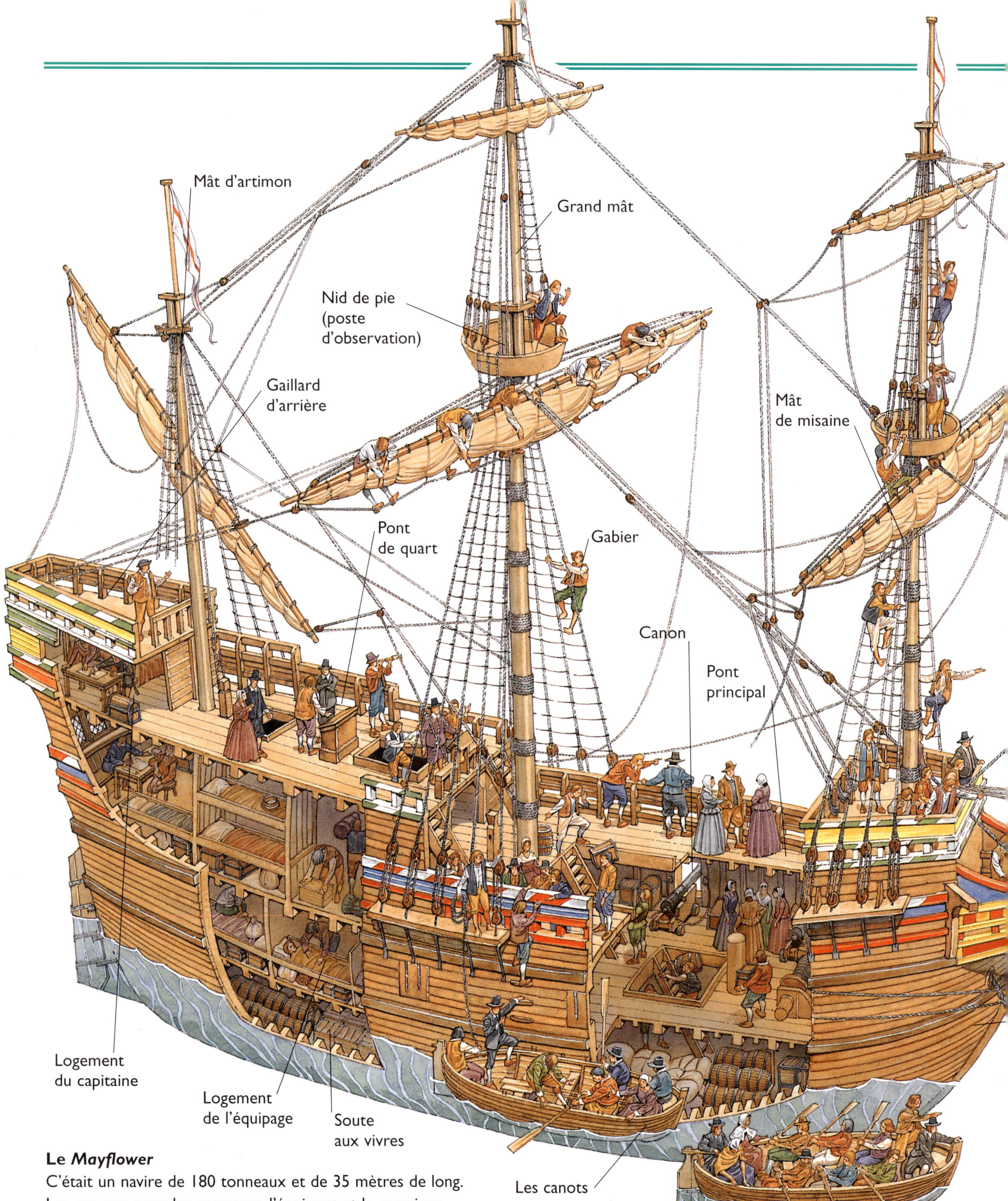

Le *Mayflower*

C'était un navire de 180 tonneaux et de 35 mètres de long. Les espaces pour les passagers, l'équipage et la cargaison étaient très réduits, aussi la traversée fut-elle éprouvante ! Pendant les tempêtes et les coups de vent, les malheureux s'entassaient à l'étroit sous le pont.

Vers l'Amérique

Chassés par la misère ou en butte à des persécutions religieuses, des hommes et des femmes ont, depuis des siècles, traversé les océans pour recommencer leur vie dans un pays qu'ils espéraient plus accueillant.
Une des plus célèbres émigrations eut lieu en 1620, lorsqu'un petit groupe de personnes choisit de quitter l'Angleterre pour s'installer en Amérique du Nord. C'était en grande partie des personnes qui fuyaient leur pays car ils ne pouvaient pas pratiquer librement leur religion. Ils furent appelés plus tard les « Pères pèlerins ».

Thanksgiving
Les émigrants célébrèrent l'anniversaire de leur arrivée en Amérique et leur première récolte par un repas qui devint la fête de Thanksgiving. Ils invitèrent les Indiens de la tribu des Wampanoag à se joindre à eux.

Les émigrants

Le *Mayflower* était un vieux bateau lorsqu'il quitta Plymouth, en Angleterre. Mais il était assez robuste pour résister aux coups de vent qu'il subit durant les 66 jours que dura la traversée de l'Atlantique.
Il transportait 102 passagers et 40 membres d'équipage. Si un passager mourut, il y eut deux naissances à bord ; aussi débarquèrent-ils en Amérique avec une personne de plus !

L'arrivée
Lorsqu'ils débarquèrent près du cap Cod (Nouvelle-Angleterre), les émigrants mirent plusieurs semaines à trouver l'endroit idéal où s'installer. Ils fondèrent New Plymouth le jour de Noël 1620.

L'esclavage

Pendant des siècles, des millions d'Africains ont été capturés et emmenés en esclavage de l'autre côté de l'Atlantique pour travailler dans des plantations. Ce « commerce » a pris des proportions très importantes à partir du XVIIe siècle et jusqu'au XIXe siècle, lorsque se mit en place le « commerce triangulaire » : des négriers français et britanniques armaient des bateaux qui partaient d'Europe remplis de verroterie et d'armes pour acheter à des chefs ou rois africains des esclaves qu'ils revendaient aux planteurs américains ; les navires rentraient en Europe chargés de sucre ou de coton.

La capture
Des marchands d'esclaves achetaient ou capturaient des hommes et des femmes libres qui étaient parqués dans des baraquements (« négreries ») sur la côte jusqu'à ce qu'un navire négrier appareille. Lorsqu'ils montaient à bord, les esclaves étaient marqués au fer rouge et enchaînés.

Les navires négriers
La plupart étaient des bateaux de petit tonnage, conçus au départ pour transporter des marchandises. Les esclaves étaient traités comme des marchandises, entassés, enchaînés deux par deux (« en cuiller » : la cheville de l'un attachée au poignet de l'autre) à fond de cale.

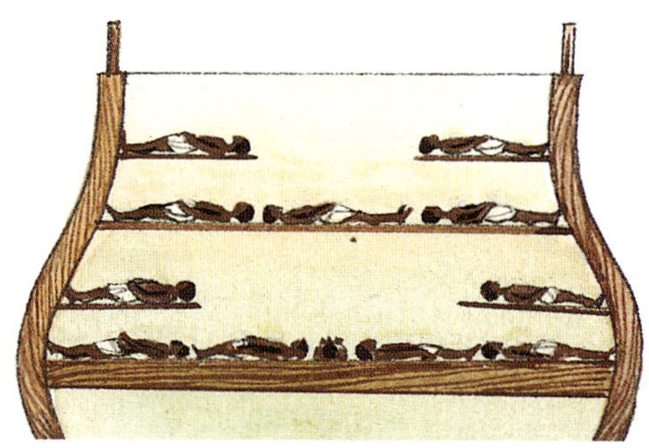

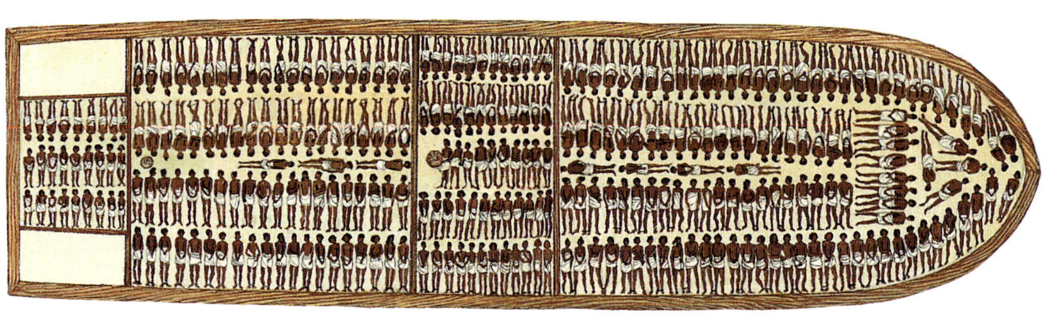

L'équipage d'un bateau d'esclaves
Les marins étaient extrêmement durs avec les esclaves car ils craignaient une révolte de ces derniers. Aussi maintenaient-ils une discipline de fer. Comme certains esclaves essayaient de se suicider en se jetant à l'eau, on installait des filets sur les côtés du bateau pour les empêcher de passer à l'action.

Esclave dans les plantations
De nombreux esclaves travaillaient dans des plantations de coton ou de tabac des États du Sud-Ouest des États-Unis ; d'autres dans les plantations de canne à sucre des Antilles. Considérés comme des biens par leurs propriétaires, ils n'avaient aucun droit.

La nourriture
Durant la traversée, les esclaves étaient peu et mal nourris. Aussi arrivaient-ils souvent malades et affaiblis.

La traversée de l'Atlantique

Le voyage était un véritable enfer pour les Africains capturés par les négriers. Ils étaient complètement terrifiés par leurs conditions de capture, ils n'avaient en général jamais vu l'océan et entraient avec épouvante dans un monde inconnu. Mal nourris, enchaînés les uns aux autres par des chaînes qui les blessaient, allongés sur des planches la plupart du temps, les esclaves étaient souvent malades. Un esclave sur dix mourait avant d'atteindre les côtes américaines.

Bateaux à vapeur

Jusqu'au XXe siècle, les traversées maritimes étaient lentes et éprouvantes. Les candidats à de tels voyages étaient peu nombreux ! La révolution industrielle, d'abord en Grande-Bretagne, puis en France et en Europe, vit la création d'usines où la vapeur était utilisée. La vapeur permit de s'affranchir des caprices du vent. Elle fut utilisée rapidement pour des cargos et des bateaux transportant le courrier. Des compagnies de bateaux à vapeur purent offrir aux passagers un service régulier et fiable.

La construction d'un géant
L'ingénieur britannique d'origine française Isambard Kingdom Brunel construisit son premier bateau à vapeur, le *Great Western*, en 1836-1837. Celui-ci fut suivi du *Great Britain* et du colossal *Great Eastern*, un steamer (bateau à vapeur) de 211 mètres pouvant transporter 4 000 passagers.

Le *Great Britain*
Pour son second bateau à vapeur, le *Great Britain*, Brunel utilisa des propulseurs à hélice à la place des roues à aubes. Les propulseurs étaient plus efficaces que les roues à aubes qui fonctionnaient mal ou pas du tout dans des eaux agitées. Il construisit une coque en acier, plus résistante aux vibrations des immenses pales.

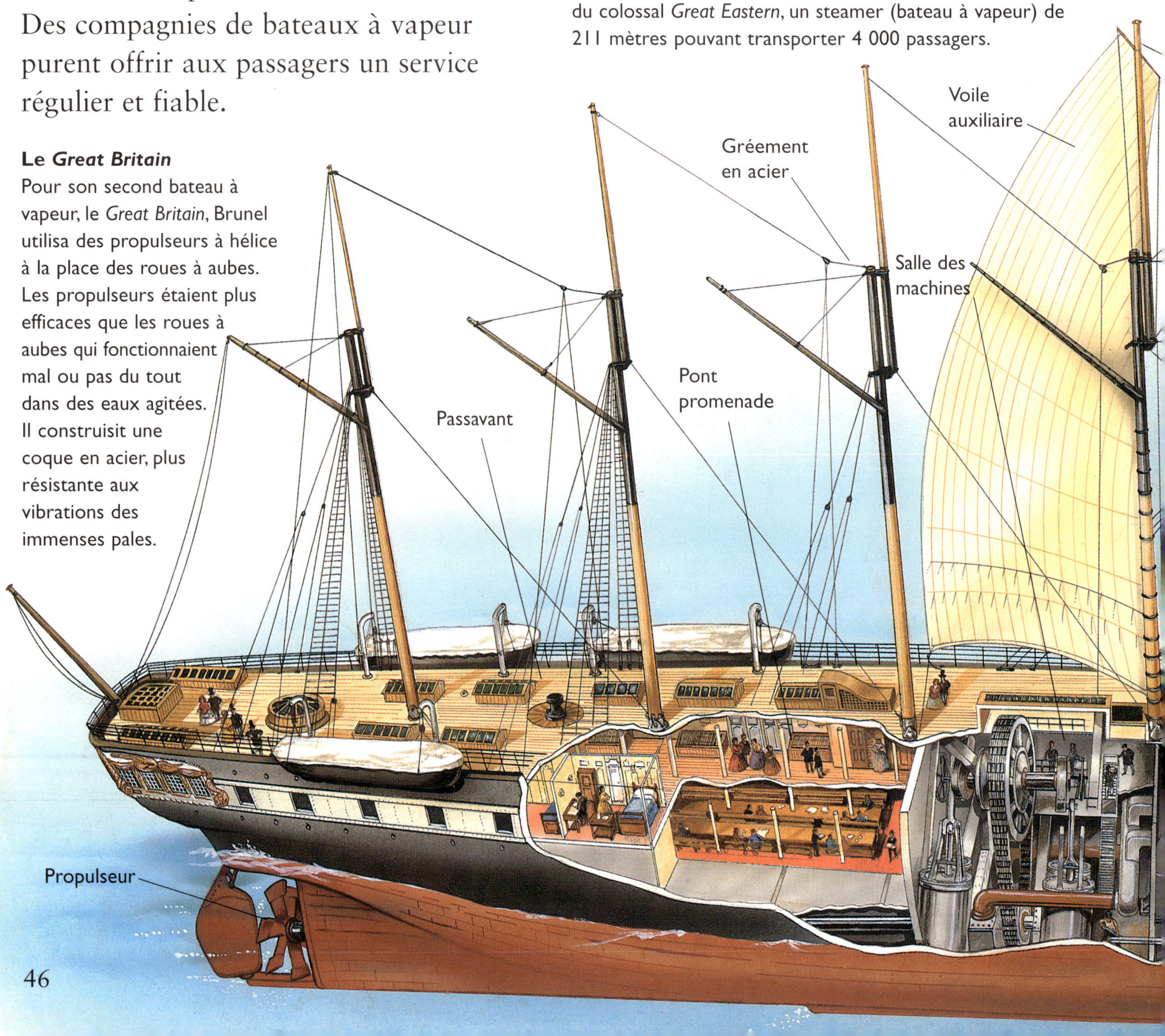

Les vapeurs

Les premières expériences de bateaux à vapeur eurent lieu dès le XVIIe siècle grâce aux travaux de l'ingénieur français Denis Papin. Les cinquante années suivantes virent fleurir toutes sortes de bateaux à vapeur, du gros bâtiment transportant des passagers au petit cargo conçu pour de courts voyages. Ces bâtiments portaient des voiles utilisées dès que le vent était favorable, ce qui permettait d'économiser le charbon et de naviguer même si les machines étaient en panne.

Concours entre bateaux à roues et à hélice
La lutte entre la roue et l'hélice passionnait le public. En 1845, deux bateaux d'égale puissance, l'*Alecto,* un bateau à roues, et le *Rattler*, un navire à hélice, se lancèrent un défi dans la Manche. Ce fut le *Rattler* qui l'emporta. Il allait 5 km/h plus vite que son rival.

Le *Sirius*
Le *Sirius,* un petit bateau de 700 tonnes, fut le premier à traverser l'Atlantique uniquement à la vapeur. Le *Great Western,* construit par Brunel, qui partit quelques jours après le *Sirius*, arriva à New York seulement quelques heures après, sa vitesse de croisière étant beaucoup plus élevée.

L'émigration

Tout au long du XIXe siècle, des milliers de gens – surtout des Irlandais, Italiens, Allemands ou Russes – ont quitté l'Europe, pour les États-Unis, le Canada, l'Afrique du Sud ou le Brésil. Ils traversaient l'Atlantique sur d'énormes bateaux, affrétés par de grandes compagnies concurrentes comme la Cunard Line ou la Red Star Line. La plupart de ces passagers – qui fuyaient la misère – étaient très pauvres et voyageaient en troisième classe, mais ils avaient l'espérance d'aller vers un monde où la vie serait plus facile.

Sur le bateau
La plupart des émigrants n'avaient jamais vu la mer et la traversée était une expérience douloureuse : ils étaient à l'étroit et avaient souvent le mal de mer. Arrivés au port, ils attendaient parfois pendant des jours l'autorisation de débarquer. Ils devaient alors passer devant les bureaux de l'émigration et risquaient d'être expulsés s'ils n'avaient pas leurs papiers en règle ou s'ils étaient trop affaiblis par le voyage.

Les « troisièmes classes »
Même sur les paquebots de la Cunard Line, qui était la plus grande compagnie de navigation du monde, les passagers voyageant en troisième classe connaissaient des conditions de traversée épouvantables. Des centaines d'émigrants étaient entassés dans des dortoirs sans hublots.

Transmission radio
Le physicien italien Guglielmo Marconi (1874-1937) fabriqua un poste pour des transmissions de télégraphie sans fil. Il parvint, en 1901, à établir une liaison entre la Cornouailles (en Angleterre) et Terre-Neuve.

Des bateaux pour transporter des émigrants

À la fin du XIXe siècle, les transatlantiques étaient aussi rapides qu'imposants. Les armateurs allemands furent les premiers à réaliser que ces gros bâtiments, qui pouvaient transporter des milliers de passagers candidats à l'émigration, pouvaient être une formidable source de profit. Rapidement, des propriétaires d'Europe du Nord construisirent, eux aussi, des paquebots pour transporter des émigrants.

Vers l'Australie
Dans les années 1950 et 1960, le gouvernement australien a encouragé l'immigration, payant la traversée à ceux qui voulaient s'installer. Des milliers d'Européens et d'Asiatiques y ont émigré.

Un nouveau départ
La statue de la liberté éclairant le monde du Français Bartholdi accueillait les émigrants pleins d'espoir qui arrivaient à New York.

Voyages de luxe

Dès le début du XXe siècle, les passagers de première classe, embarquant sur les transatlantiques qui reliaient les ports d'Europe à l'Amérique du Nord ou du Sud, voyageaient dans des conditions de confort exceptionnels. Aujourd'hui, de nombreuses personnes moins fortunées découvrent le plaisir des voyages en mer grâce aux croisières touristiques organisées – en Méditerranée, aux Antilles ou dans les fjords nordiques. Ces croisières se font sur de magnifiques paquebots où tout est prévu pour rendre le séjour aussi agréable que possible : restaurants, piscine, solarium, salle de gym, discothèque, etc. La qualité des services équivaut souvent à celle d'un hôtel trois étoiles.

Une traversée de rêve
Un équipage nombreux et attentionné permettait aux riches passagers naviguant sur les transatlantiques du début du XXe siècle de mener une vie d'oisifs.

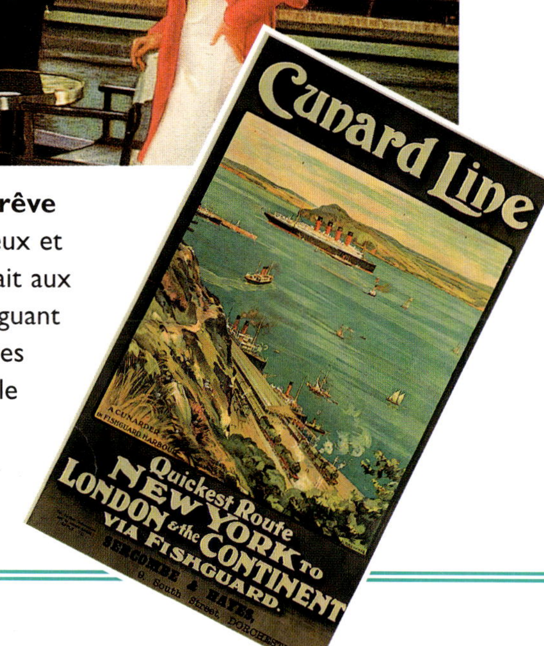

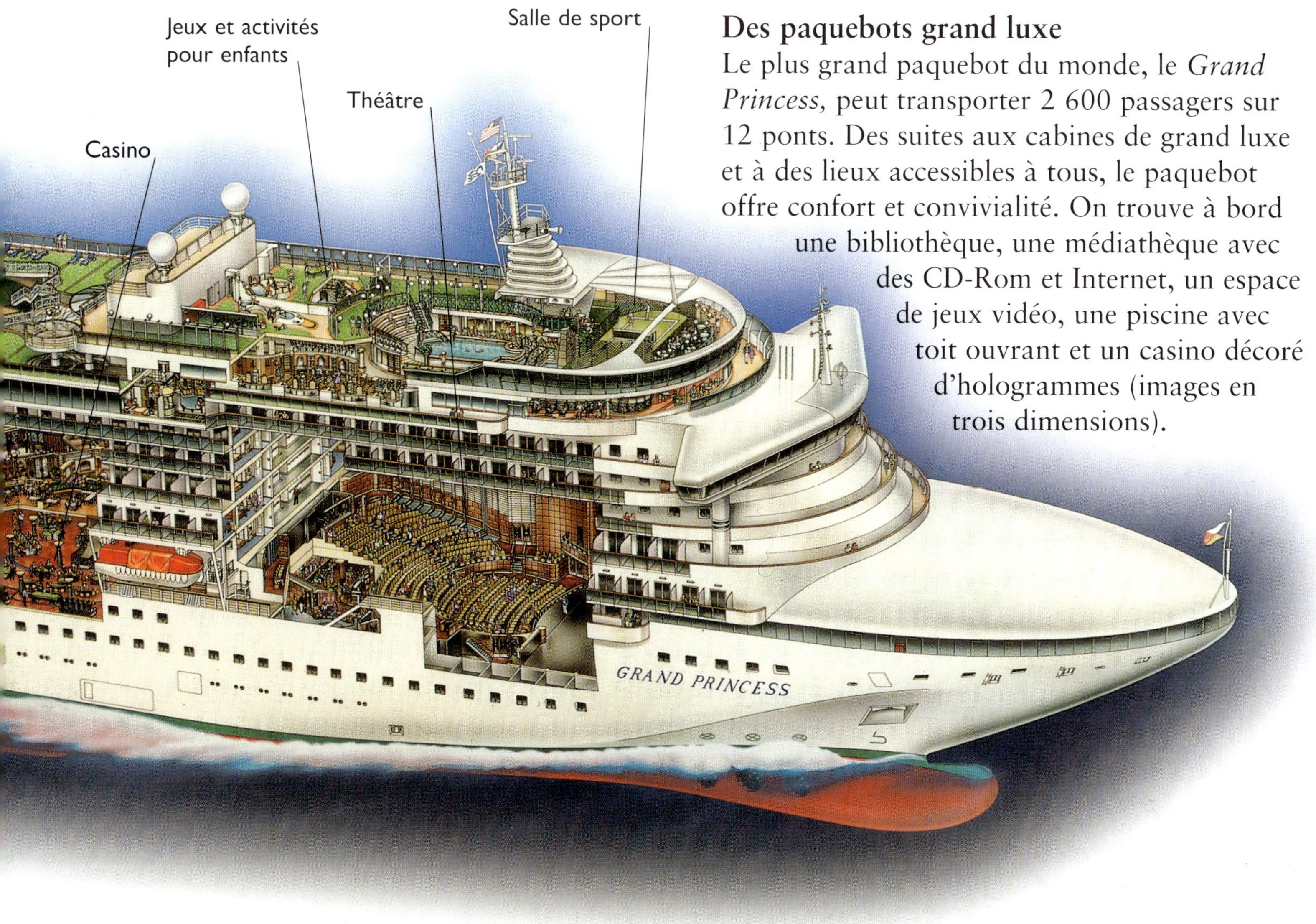

Des paquebots grand luxe

Le plus grand paquebot du monde, le *Grand Princess,* peut transporter 2 600 passagers sur 12 ponts. Des suites aux cabines de grand luxe et à des lieux accessibles à tous, le paquebot offre confort et convivialité. On trouve à bord une bibliothèque, une médiathèque avec des CD-Rom et Internet, un espace de jeux vidéo, une piscine avec toit ouvrant et un casino décoré d'hologrammes (images en trois dimensions).

Le Ruban bleu

Les transatlantiques du XIXe et du début du XXe siècle cherchaient à obtenir le Ruban bleu (une étroite flamme bleue aussi longue que la vitesse du navire réalisée en nœuds) qu'arboraient les bateaux les plus rapides. Le *Pacific* l'obtint en 1851, avec une moyenne de 24 km/h (13 nœuds). Le *Mauretania* garda le Ruban bleu de 1907 à 1929 ; il atteignait une vitesse de 50 km/h (27 nœuds).

Record battu

Le *Normandie*, lancé en 1935 par la Compagnie générale transatlantique, fut l'un de plus beaux transatlantiques de son époque. Il mesurait 298 mètres et pouvait transporter 1 975 passagers et 1 345 membres d'équipage. Sa coque était conçue pour qu'il soit le plus rapide par n'importe quel temps. Il traversa l'Atlantique en moins de quatre jours obtenant ainsi le Ruban bleu.

BATEAUX ET HISTOIRE

Durant les siècles passés, la construction et les techniques de navigation ont beaucoup évolué. Les historiens et les archéologues s'intéressent aux documents historiques, à la peinture, aux mythes et aux légendes, sans oublier les naufrages, pour comprendre et étudier les bateaux et la vie en mer autrefois.

Titanic
On disait ce paquebot insubmersible, mais lors de son premier voyage, en 1912, il heurta un iceberg et coula en quelques heures. Son histoire passionne toujours les chercheurs et le public.

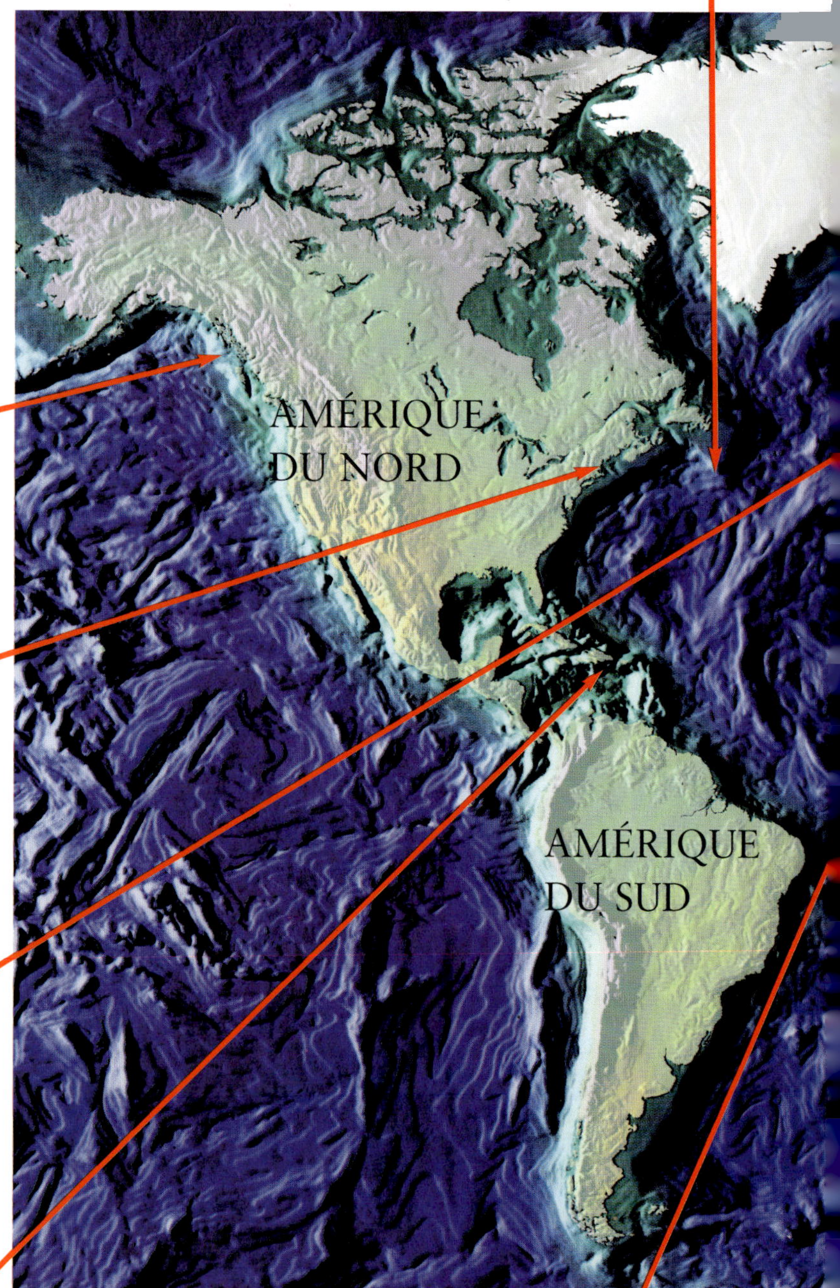

Exxon Valdez
Le pétrolier l'*Exxon Valdez* s'échoua, en 1989, sur les côtes de l'Alaska, répandant 50 millions de litres de pétrole et polluant des centaines de kilomètres de côtes.

Constitution
La célèbre frégate américaine le *Constitution* fut restaurée avec beaucoup d'attention par des scientifiques.

Invincible Armada
En 1588, de nombreux bâtiments formant la flotte espagnole de Philippe II qui avait voulu envahir la Grande-Bretagne firent naufrage sur les côtes d'Irlande.

Santa Maria
En 1492, Christophe Colomb partit d'Espagne à bord de la *Santa Maria*, mais cette caravelle fit naufrage au large de l'île d'Hispaniola (Haïti).

Méduse
Au XIXe siècle, les survivants de ce célèbre naufrage furent peints par le peintre français Géricault.

Les Vikings
Bien que les Vikings aient été d'excellents marins, ils ont perdu de nombreux bateaux dans les eaux dangereuses de l'Atlantique Nord. On en a retrouvé quelques cargaisons.

Vasa
Lancé au XVIIe siècle par la couronne suédoise, le navire de guerre le *Vasa* fut découvert par des archéologues. Restauré, il est aujourd'hui dans un musée.

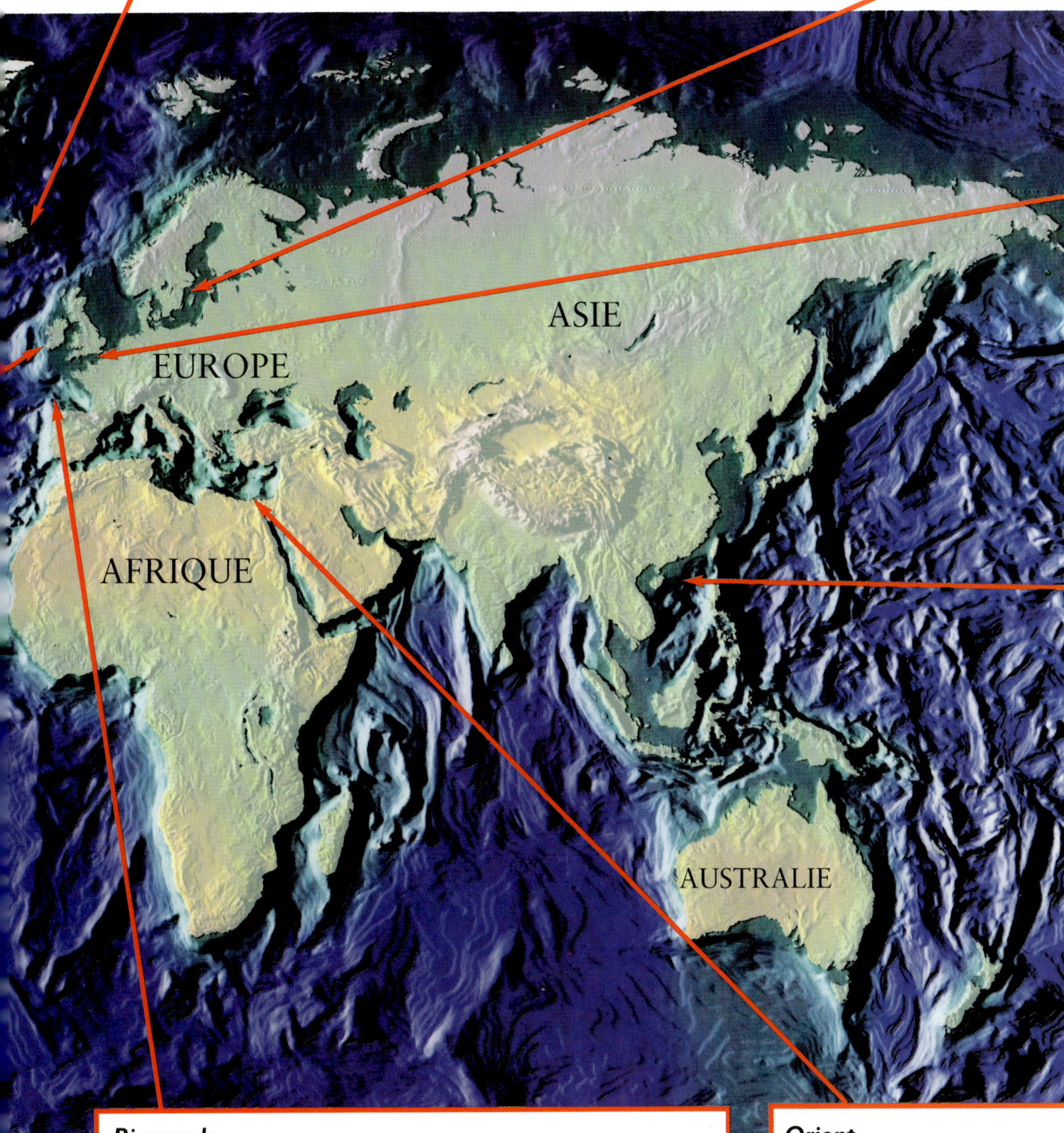

Mary Rose
C'était le bateau préféré du roi anglais Henri VIII. Il coula en 1545. En 1982, des campagnes archéologiques ont permis de l'étudier.

Jonques chinoises
Beaucoup de ces gros bateaux, dont les coques étaient remplies de riches cargaisons, ont fait naufrage près des côtes chinoises.

Bismarck
Attaqué par la marine et l'aviation britanniques, ce fleuron de la marine allemande fut coulé en 1941, deux ans après son lancement.

Orient
Le navire amiral l'*Orient* explosa durant la bataille du Nil en 1798. On a retrouvé de l'argenterie et de la cristallerie.

Mythes et mystères

Récifs invisibles, tempêtes déchaînées : la mer peut être dangereuse et effrayante quels que soient l'habileté et le courage des marins, qui ont imaginé des créatures mythiques et des forces mystérieuses pour tenter d'apprivoiser cette formidable puissance. Monstres terrifiants, divinités redoutables, sirènes aussi séduisantes que dangereuses ne sont que quelques-uns des dangers légendaires tapis au fond des océans.

Ulysse et les sirènes
Dans la mythologie grecque, les sirènes étaient des femmes aux corps d'oiseaux qui, par la beauté de leur chant, provoquaient des naufrages en attirant les navigateurs sur les récifs. Dans *L'Odyssée* du poète grec Homère, Ulysse ne tomba pas dans le piège. Il boucha les oreilles de son équipage avec de la cire et se fit enchaîner au mât de son bateau.

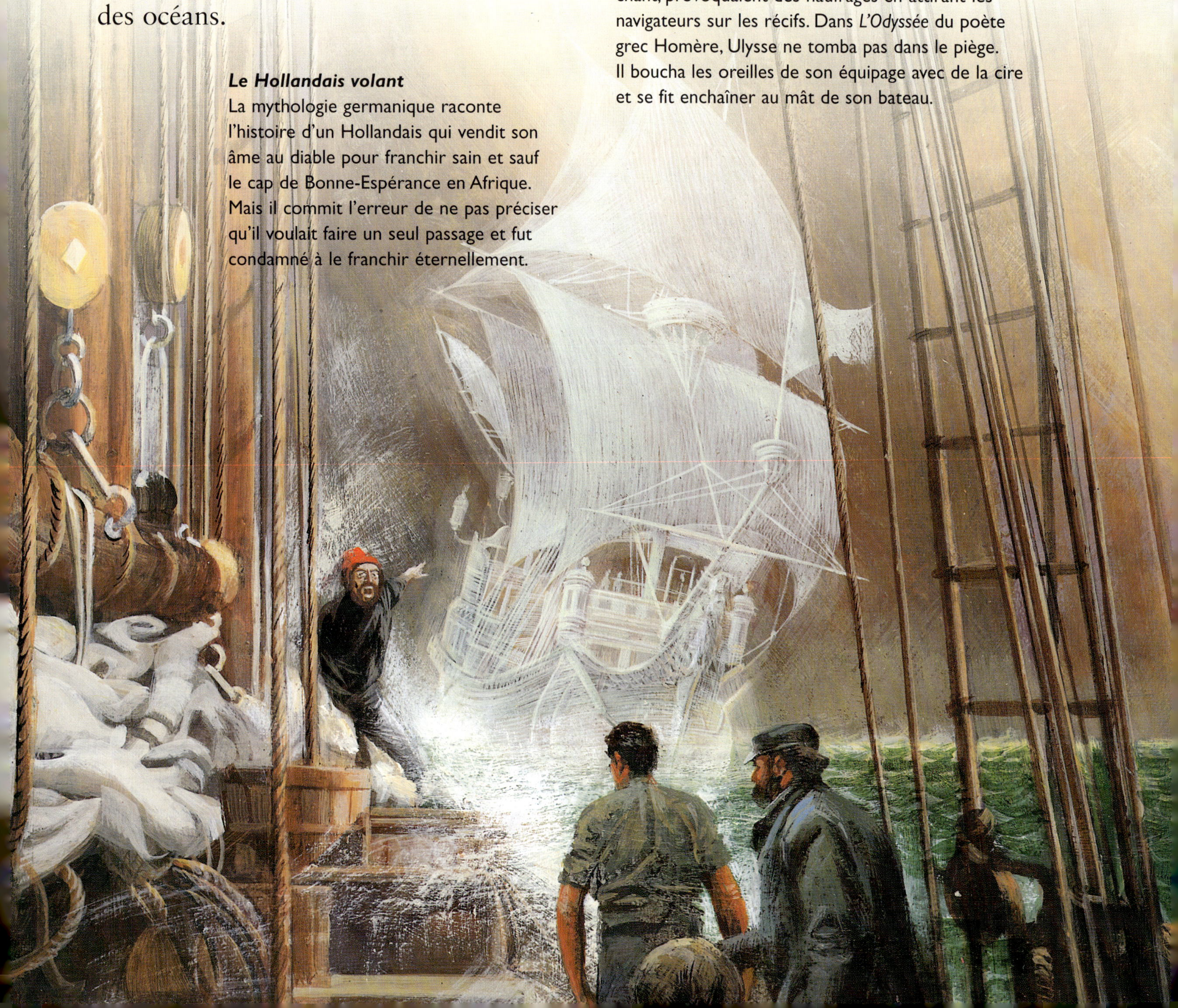

Le Hollandais volant
La mythologie germanique raconte l'histoire d'un Hollandais qui vendit son âme au diable pour franchir sain et sauf le cap de Bonne-Espérance en Afrique. Mais il commit l'erreur de ne pas préciser qu'il voulait faire un seul passage et fut condamné à le franchir éternellement.

La *Mary Celeste*
Ce navire de commerce américain quitta New York en novembre 1872 pour Gênes, en Italie. Quelques mois plus tard, on le retrouva désert, ses voiles disposées comme pour affronter une tempête et sans son canot de sauvetage. On ne retrouva jamais l'équipage et son capitaine qui avaient quitté, semble-t-il, le bateau en toute hâte. Le mystère ne fut jamais éclairci.

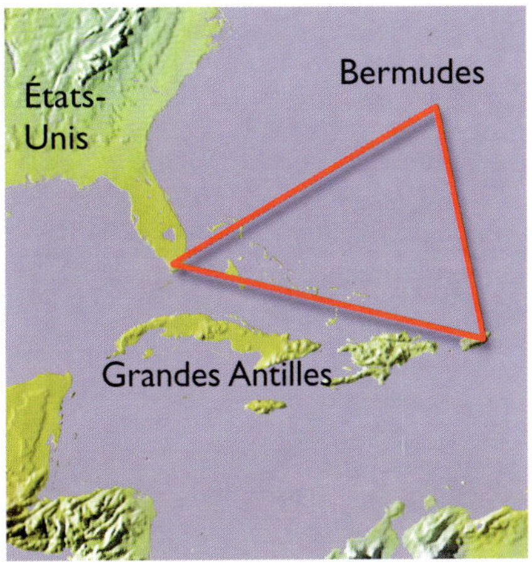

Triangle des Bermudes
Nul n'a encore pu expliquer la mystérieuse disparition de plus de 50 navires dans cette zone de l'océan Atlantique, entre l'archipel des Bermudes, les Grandes Antilles et la côte sud des États-Unis.

Superstitions

Seul sur l'immensité d'un vaste océan, un bateau peut naviguer pendant des jours sans rencontrer d'autres bateaux. En cas d'accident, il n'y a donc aucun témoin et pas d'explication possible. De ces mystères inexpliqués sont nés des récits de bateaux et d'équipage disparus corps et biens. Les histoires de bateaux poursuivis par la malchance ont donné lieu à de multiples superstitions. Par exemple, commencer un voyage un vendredi (jour de la crucifixion du Christ) porte malheur, le vert est une couleur porte-malheur, siffler par temps calme entraîne la tempête…

Figures de proue vikings
Les sculptures de proue des navires de guerre vikings représentaient des têtes de bêtes mythiques effrayantes – dragons hurlants, serpents sifflants, terrifiantes créatures ailées – sans doute destinées à effrayer l'ennemi et à chasser les mauvais esprits.

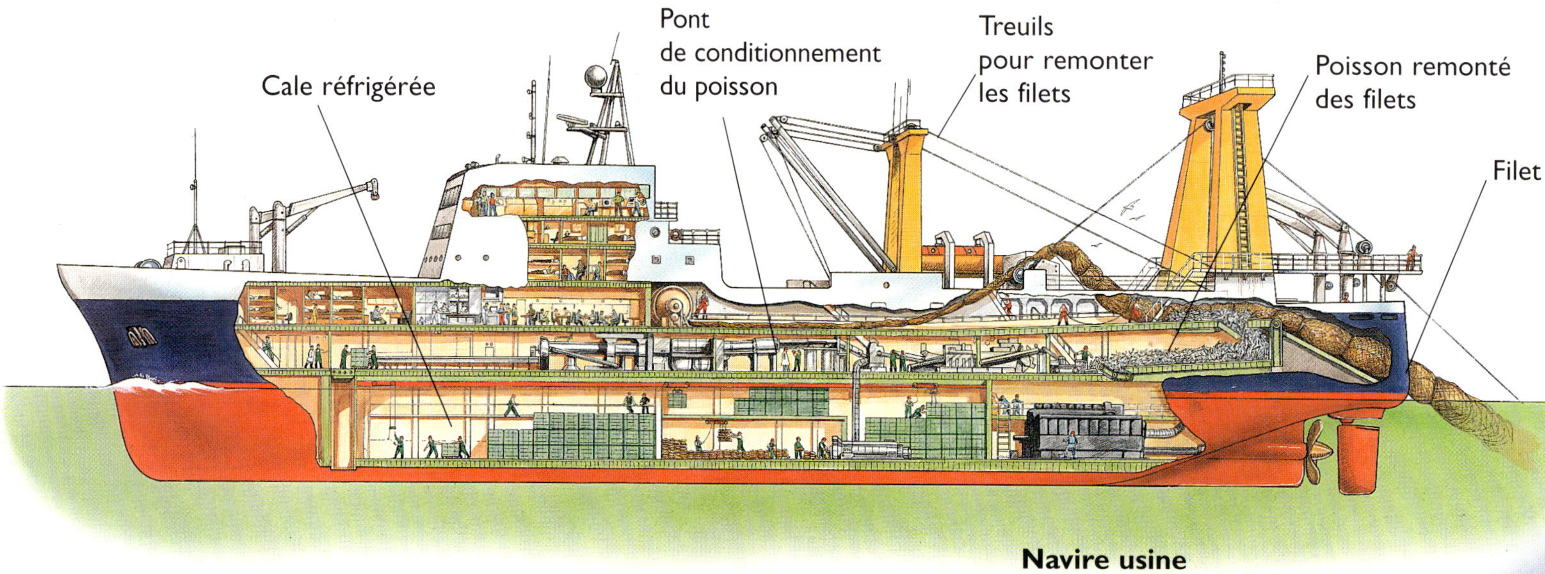

Navire usine
Ce type de bateau reste en mer pendant des mois ; les poissons pêchés sont conditionnés sur place : au fur et à mesure de la remontée des filets, ils sont acheminés directement vers le pont de conditionnement où ils sont écaillés, lavés et découpés. Ils sont ensuite entreposés dans des cales réfrigérées.

Des bateaux très différents

Du gigantesque pétrolier au paquebot long courrier, en passant par la frêle chaloupe et l'élégant voilier, l'homme a construit toutes sortes d'embarcations adaptées à ses activités en mer. Certaines sont restées inchangées, d'autres ont été dotées des dernières découvertes de la technologie de pointe, comme les ordinateurs ou les satellites de navigation.

Ferry-boat
Ces vastes bateaux font des aller et retour entre les rives d'un bras de mer (comme la Manche), d'un fleuve ou d'un lac avec à leur bord passagers et véhicules. Ils comportent plusieurs ponts pour les passagers et leur avant s'ouvre largement pour l'embarquement et le débarquement des véhicules.

Catamaran
C'est un bateau a deux coques reliées entre elles par des traverses. Inventée il y a des milliers d'années dans les îles du Pacifique, cette forme nous est devenue familière depuis 30 ans environ. Sa largeur lui donne une exceptionnelle stabilité et lui permet de porter des voiles de grandes dimensions. Sa légèreté et les matériaux dont il est fait en font un excellent bateau de régates.

Sport et loisirs

La navigation de plaisance est un loisir ancien et toujours très apprécié. Elle est pratiquée sur des embarcations très diverses : du petit dériveur en fibre de verre au yacht luxueux.

La navigation est devenue un sport lorsque les bateaux à voiles ont cessé d'être utilisés pour le commerce et la guerre. Pour les courses et les régates, on fabrique des voiliers à la fois très légers et capables de porter une grande voilure, ce qui leur offre vitesse et maniabilité. Les concepteurs de bateaux de course associent des matériaux traditionnels aux dernières innovations technologiques.

Bateau de sauvetage
Ce remorqueur russe est spécialisé dans la recherche d'épaves et de survivants de naufrages ou d'accidents d'avions tombés en mer. Il est équipé d'un système de détection pour localiser les métaux.

Navigation assistée par ordinateur
Certains navires, comme le pétrolier japonais ci-dessous, sont parfois équipés de voiles qui peuvent prendre le relais des moteurs. Lorsque le vent est favorable, des voiles télécommandées par ordinateur se mettent en service, ce qui permet d'économiser environ 10 % de combustible.

Naufrages

Naviguer sur la mer est dangereux. Bien des écueils imprévisibles guettent les marins : rochers invisibles, icebergs à la dérive, courants imprévus, tempêtes soudaines, peuvent provoquer un naufrage. Le danger s'accroît en temps de guerre puisque aux risques naturels s'ajoute le feu de l'ennemi. Les épaves des bateaux qui ont fait naufrage au fil des siècles jonchent le fond des océans : galères de la Rome antique, galions espagnols, premiers paquebots, attirent chercheurs scientifiques et chasseurs de trésor.

Le *Constitution*
Quelques bateaux anciens sont parvenus jusqu'à nous. Le navire américain *Constitution*, construit dans les années 1790, fut l'un des plus rapides navires de guerre de son temps. Il prit part à la guerre qui éclata en 1812, entre la Grande-Bretagne et les États-Unis, et qui vit la victoire de ces derniers. Il devint navire marchand, puis navire école. Il a été superbement restauré.

Le naufrage du *Titanic*
Lors de son premier voyage, ce paquebot britannique, réputé insubmersible, heurta un iceberg dans l'océan Atlantique, dans la nuit du 14 au 15 avril 1912. Le navire coula. rapidement. Il y eut 1 490 victimes.

Le *Vasa*
Ce magnifique trois-mâts suédois fit naufrage en 1628, lors de son premier voyage. Sa coque en bois fut découverte en 1956, ainsi que des milliers d'objets, ce qui permit de reconstituer avec précision la vie à bord d'un navire de guerre du XVIIe siècle.

L'épave du *Titanic*
L'étude de son épave a montré que le bateau s'était brisé en deux. L'expédition franco-américaine qui explora l'épave en 1986-1987 utilisa des appareils télécommandés à partir d'un sous-marin. De nombreux objets et pièces d'équipement ont été remontés à la surface.

Le *Titanic*
Ce paquebot pouvait transporter 2 500 passagers. Il comportait de luxueuses installations (un gymnase, une piscine et des bains turcs). Ses constructeurs le croyaient insubmersible.

Archéologie marine

Peu de bateaux anciens sont parvenus jusqu'à nous. Pour certains, il ne nous reste que les gravures et les descriptions de l'époque. Pour d'autres, seule l'archéologie peut nous apprendre comment ils étaient faits. Lorsqu'un navire coule, il emporte avec lui un panorama complet de la vie à bord. Sous l'eau, les bois de charpente, les objets de la vie quotidienne, échappent à la destruction et livrent ainsi aux archéologues de précieuses indications sur la construction, le façonnage des pièces, les canons et la vie quotidienne des marins.

Glossaire

Ancre Instrument très lourd que l'on fait tomber dans l'eau pour retenir le bateau.

Avant Les quartiers de l'équipage sont en général situés à l'avant.

Bateau-citerne Bâtiment important aménagé pour transporter des liquides, du pétrole, par exemple.

Beaupré Mât incliné placé à l'avant d'un navire à voiles sur lequel sont attachés les étais du mât de misaine.

Birème Galère utilisée dans l'Antiquité, propulsée par deux rangs de rames de chaque côté.

Bordé à clins Système de construction de la coque où chaque planche chevauche légèrement la précédente.

Bordé à franc-bord Système de construction de la coque où les bordés sont bord à bord sur une ossature de chêne.

Caravelle Bateau de petite taille qui apparaît au XVIe siècle. C'est le bateau des explorateurs du Nouveau Monde.

Cargo Navire qui transporte des marchandises.

Carte marine Indique avec une très grande précision côtes, courants, îles.

Catamaran Bateau à voiles à deux coques, ce qui lui donne une grande stabilité.

Chronomètre marin Inventé au XVIIIe siècle en France et en Grande-Bretagne pour mesurer avec précision la longitude.

Clipper Grand voilier ayant une voilure très importante. Construit au XIXe siècle pour transporter des cargaisons sur de grandes distances.

Cogue Bateau du Moyen Âge, à la coque large, utilisé pour transporter des marchandises.

Compas Instrument de navigation qui indique le nord magnétique. Il fut inventé par les Chinois au IVe siècle avant J.-C.

Cuirassé Grand navire de guerre à la coque blindée, équipé d'une artillerie lourde.

Dhow Fin bateau du Moyen-Orient équipé de voiles latines.

Dreadnought Nom d'un cuirassé britannique du début du XXe siècle, devenu le nom générique désignant des cuirassés de fort tonnage jusqu'à la fin de la Seconde Guerre mondiale.

Galion

Frégate Aux XVIIIe et XIXe siècles, une frégate était un bâtiment de guerre à trois mâts. Aujourd'hui, c'est un navire d'escorte anti-sous-marin.

Galère Long bateau de guerre marchant surtout à rames et accessoirement à voiles utilisé dans l'Antiquité et jusqu'au XVIIIe siècle.

Contre-torpilleur

Brûlot Petit bateau chargé de matières combustibles lancé sur la flotte ennemie durant les guerres maritimes au XVIe siècle.

Cale Partie du bateau, comprise entre le pont et le fond, qui contient la cargaison.

Caraque Navire de fort tonnage utilisé pour le transport des richesses des Amériques.

Conteneur Grande caisse de taille standard utilisée pour transporter des marchandises et placée dans des porte-conteneurs.

Contre-torpilleur Navire de guerre petit et très rapide, utilisé pour attaquer les torpilleurs.

Galion Grand navire dont les formes larges permettaient de transporter les richesses d'Amérique vers l'Espagne au XVIe siècle.

Gouvernail Structure plane installée à l'arrière d'un bateau et utilisée pour diriger celui-ci.

Gréement Ensemble des cordes et cordages, poulies, etc., servant à manœuvrer les bateaux à voiles.

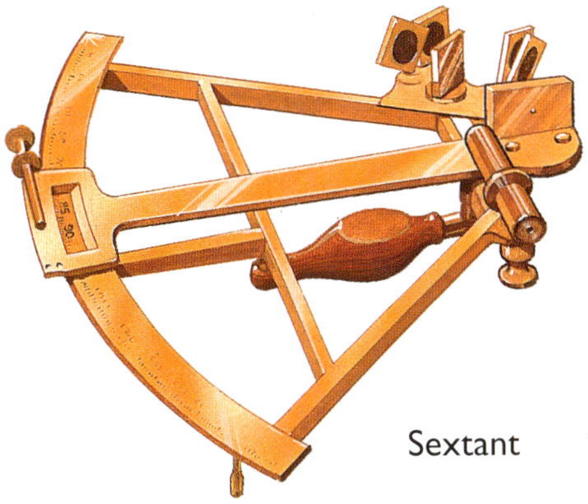

Sextant

Hélice Appareil de propulsion et de traction formé de plusieurs pales disposées autour d'un moyeu.

Jonque Grand voilier d'Asie, dont les grandes voiles sont soutenues par des lattes en bambou.

Latitude Distance d'un point à l'équateur mesurée en degrés. Les lignes de latitude sont parallèles à l'équateur tout autour de la Terre.

Longitude Distance, mesurée en degrés, à l'est (mesurée négativement) ou à l'ouest (mesurée positivement) d'une ligne partant du méridien de Greenwich (près de Londres). Les lignes de longitude passent par les pôles.

Mât de misaine Mât vertical placé à l'avant du bateau.

Membrure Ensemble des poutres transversales accrochées à la quille et qui forme le bordé.

Moteur à turbine Dispositif muni de pales ou d'aubes auquel un fluide donne un mouvement de rotation transmis à un mécanisme.

Bateau à aubes

Navire-usine Bateau de pêche équipé pour le poisson traiter en mer.

Nœud Unité de mesure pour calculer la vitesse valant un mille à l'heure. Équivaut à 1 852 km/h.

Océanographie Étude du milieu marin et des organismes qui y vivent.

Paquebot Navire conçu pour le transport de passagers, affrété par des compagnies maritimes offrant souvent d'excellentes conditions de transport.

Passavant Passage sur le pont supérieur reliant l'avant et l'arrière d'un bateau.

Passerelle Endroit le plus élevé d'un navire d'où le capitaine donne ses ordres.

Pilote Personne qui dirige les manœuvres des gros bateaux lorsqu'ils entrent et sortent d'un port, empruntent un canal, etc.

Pirates Aventuriers et marins qui attaquaient les navires marchands pour piller leur cargaison. Ils étaient nombreux en Méditerranée et aux Antilles.

Porte-conteneurs Bateau conçu pour transporter des conteneurs de taille standard.

Quille Élément axial installé dans la partie inférieure d'un bateau et sur lequel repose l'ensemble de la charpente pour stabiliser le navire.

Ruban bleu Étroite flamme bleue arborée par le navire ayant effectué la traversée la plus rapide entre deux points (Bishop et Ambrose).

Scorbut Maladie qui atteignait particulièrement les marins qui restaient longtemps en mer. Elle était due à un manque de vitamine C (que l'on trouve dans les fruits et les légumes frais).

Bateau-citerne

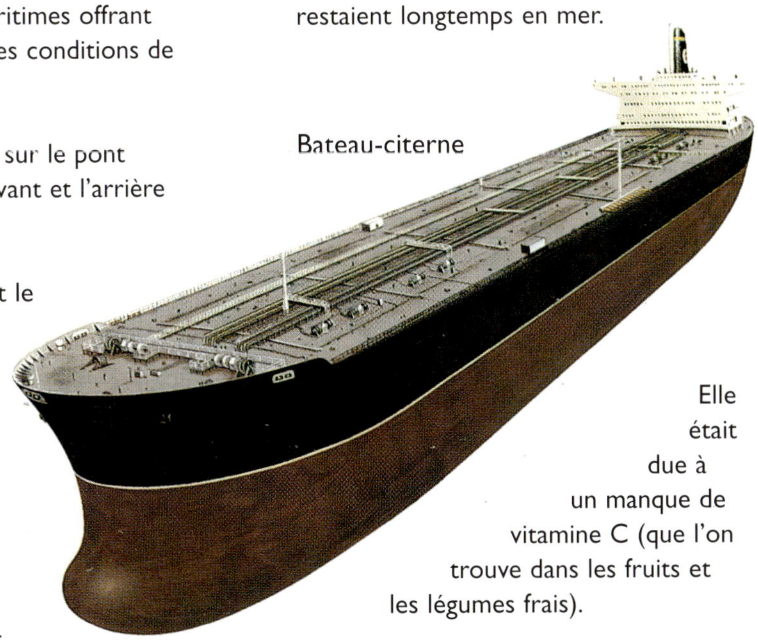

Sextant Instrument de navigation utilisé par les marins pour mesurer la hauteur du Soleil et calculer la latitude.

Torpille Chargée d'explosifs, cette arme de guerre est propulsée à aller sous l'eau vers sa cible.

Travers Côté d'un bateau. Durant les combats navals, l'attaque se faisait par le travers.

Trirème Galère de l'Antiquité rapide à trois rangs de rames superposés.

Vergue Morceau de bois placé sur l'avant d'un mât pour porter une voile qui y est fixée.

Voile latine Voile triangulaire utilisée en Méditerranée.

Index

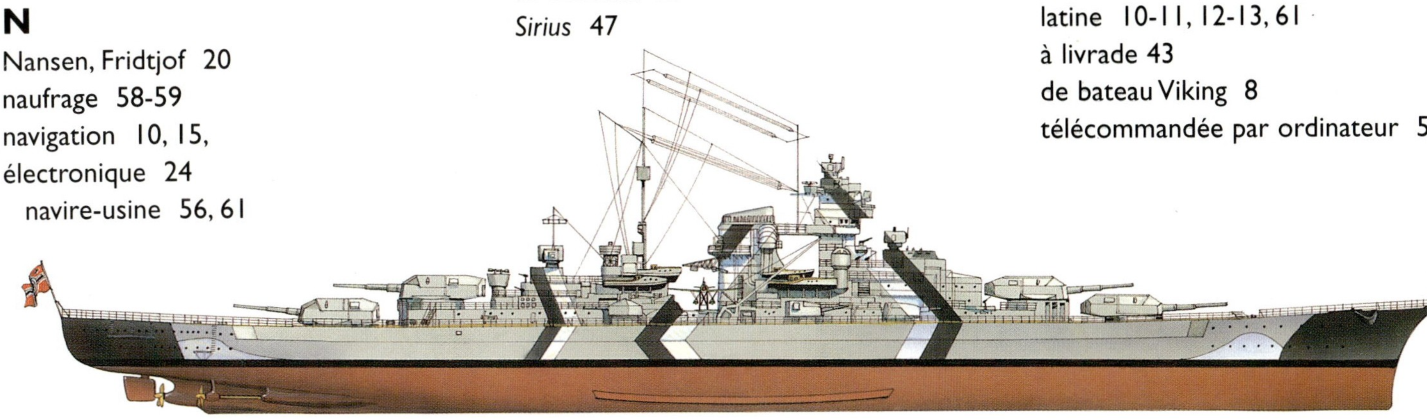

Crédits photographiques

L'éditeur remercie les illustrateurs pour leur participation
à cet ouvrage :

b = bas, c = centre, g = gauche, d = droit, h= haut, m = milieu
Susanna Addario 43 *hd* ; **Marion Appleton** 44 *c* ; **Mark Bergin** *gc*, 3 *g*, 36-37, 37 *h*, 38-39 ;
Harry Bishop 54 *b*, 55 *h* ; **Peter Bull** 6-7 ; **Gino D'Achille** 21 *h*, 21 *c g* 58-59 ; **Mike Davis** 35 *hg*, 38 *h* ;
Peter Dennis 14-15, 16-17, 17 *hd* ; **Ed Dovey** 40-41 ; **Richard Draper** 16 *b* ; **Chris Forsey** 10 *hd*, 10 *cd* ;
Christian Hook 17 *bd*; **Roy Huxley** 37 *c*, 39 *hd* ; **John James** 8-9, 13, 36 *hg*, 42 ; **Kevin Maddison** 8 *hd*, 11, 24-25, 46-47,
56 *h* ; **Chris Molan** 20-21, 34-35, 45, 48-49 ; **Roger Payne** 54 *hg* ; **Peter Ross** 44 *hd* ; **Kevan Rush** 3 *h*, 22 *h* ; **Rodney Shakell** 45 *hg* ; **Mike Taylor** 12 *hg* ; **Thomas Trojer** 28-29.

L'éditeur remercie les photographes pour leur participation
à cet ouvrage :

b = bas, c = centre, g = gauche, d = droit, h= haut, m = milieu
Pages : **2** *bd* The Bridgeman Art Library/Louvre, Paris ; **3** *bd* The Bridgeman Art Library/Bonhams, Londres ;
4–5 Virgil Pomfret/Roger Desoutter ; **10** *cg* Giraudon ; **12** *hd* The Bridgeman Art Library/Metropolitan Museum of Art, New York, USA ; **14** *hg* Mary Evans Picture Library/Explorers Archives ; **15** *hd* The Bridgeman Art Library/British Library, Londres ; **18** *bg* National Maritime Museum Picture Library ; **18-19** Virgil Pomfret/Roger Desoutter ;
19 *h* The Bridgeman Art Library/Natural History Museum, Londres *hg* The Art Archive/British Museum, *hd* The Art Archive ;
22 *cd* Corbis/Bettmann, *bg* The Bridgeman Art Library/National Maritime Museum ; **22-23** *c* Virgil Pomfret/Roger Desoutter ;
23 *hd* Corbis; **25** *hd* Kos Picture Source Ltd/David Williams ; **26** *hd* U.S. Navy ; **29** *b* The Bridgeman Art Library/Musée de la Tapisserie, Bayeux, France ; **30** *hd* The Mary Rose Trust, *b* AKG London/Archivio Cameraphoto Venise ;
34 *hd* The Bridgeman Art Library/Private Collection, *c* The Art Archive/De Vries ; **35** *hd* The Bridgeman Art Library/Roderick Lovesey/David Messum Gallery, Londres (rien n'a été négligé pour retrouver les propriétaires des copyrights et tous renseignements les concernant seront les bienvenus) ; **38** *b* U.S. Navy ; **43** *bd* avec l'aimable autorisation de la Pilgrim Society, Plymouth, Massachusetts/Bacon ; **46** *hd* Corbis ; **47** *hd* Science & Society Picture Library/Science Museum ;
48 *hd* Peter Newark's Pictures ; **49** *hd* Corbis/Bettmann, *cd* The Bridgeman Art Library/Victoria & Albert Museum, Londres (rien n'a été négligé pour retrouver les propriétaires des copyrights et tous renseignements les concernant seront les bienvenus) ; **50** *cd* The Advertising Archive ; *bd* Science & Society Picture Library/National Railway Museum ;
50-51 *h* Princess Cruises ; **51** *bd* Virgil Pomfret/Roger Desoutter ; **55** *bd* Michael Holford ; **56** *bg* Corbis ; *c* Corbis ;
57 *c* Corbis, *bd* National Maritime Museum Picture Library ; **58** *hd* Corbis ; **59** *t* Corbis, *c* The Art Archive/Dennis Cochrane Collection.

Rien n'a été négligé pour retrouver les propriétaires des copyrights.
L'éditeur présente ses excuses pour les désagréments éventuels que cela pourrait entraîner.